지나간것은
　　　지나간대로

지나간 것은 지나간 대로

이희석 수필집

수필과비평사

| 머리말 |

세 번째 책을 묶으면서

  어제는 지나간 오늘이요 내일은 다가올 오늘이라고 생각합니다. 지나온 모든 순간이 모여 어느새 나만의 것, 내 것이 되어 나와 함께 살아 숨 쉬고 있음을 느낍니다. 또한 은연중 기억에 남아 함께 삶을 버틸 힘이 되었고 글쓰기의 밑바탕이 되었습니다. 그리하여 책 이름을 '지나간 것은 지나간 대로'라고 하여 발간하기에 이르렀습니다. 과거에 집착하지 않고 오로지 지금 여기에 충실하려는 의도로 그리 정했습니다.
  한편 생각해 보면 우리 인생은 유한하지만, 글은 시간과 공간의 제약을 받지 않고 독자의 가슴에 남아 오래 잊히지 않는 속성이 있습니다. '나는 떠나도 이것은 남는다'처럼 자신의 이름으로 된 책 한 권을 자식들의 서가에 꽂아주는 것, 그래서 자신의 글이 후손들의 영혼 속에 대대로 녹아 흐르기를 바라는 마음은 인지상정이 아닐까 합니다.
  또한, 내가 세상을 떠난 후에도 내가 남긴 글이 널리 퍼져서 독자들에게 위로와 기쁨이 된다면 얼마나 좋을까 생각하곤 합니다. "수필가는 존재와 존재 너머의 초월이 어떻게 가능한가를 존재론적 언술과 서사적 플롯을 통해 보여주어야 하는 운명을 지니고 있다."는 말을 떠올려 봅니다. 그런데 그런 글을 쓰기란 얼마나 어려운 일인가 새삼 느끼지 않을 수 없습니다. 이렇게나마 글을 모아 한 권의 책으로 펴내게 된 것을 하나님의 은혜로 여기고 감사할 따름입니다.

　수필에 입문한 지 벌써 십여 년이 지났지만, 아직도 수필다운 수필을 쓰지 못하니 안타깝기만 합니다. 사려 깊지 못한 글이 신변잡기의 단순한 열거와 미사여구만 늘어놓은 것은 아닌지 걱정이 앞섭니다. 우리 문학계에 폐나 끼치는 글이 아니기를 빌어 봅니다. 비록 보잘것없는 작품이지만 단 한 편이라도 독자들에게 공감을 주는 글이 되었으면 합니다.

　차원 높은 수필이 무엇인지 가르쳐 주시고 내 우작에 분에 넘치는 평설을 해주신 이원희 교수님, 선뜻 발행해 주신 서정환 회장님 그리고 그동안 아낌없는 격려와 도움을 주신 문우님들께 감사드리며, 영원한 격려자 아내에게도 깊이 감사함을 전합니다.

2023년 12월
이희석

| 차례 |

머리말

제1부 | 가을밤이 깊어지는 소리

    12   가을밤이 깊어지는 소리
    18   매미 소리
    23   소리, 소리, 소리
    29   하루살이의 떼춤
    34   지렁이의 수난
    39   힐링 캠핑
    43   한여름날의 야영

제2부 | 무지개

    50   무지개
    54   가을이 왔네요
    58   나 혼자 두고
    63   뻐꾸기 소리
    67   따라 붉다
    71   등잔불
    75   이력서
    78   옥정호의 구절초

제3부 | 까치밥

- 84 명아주를 보며
- 88 가지꽃을 기다리며
- 92 뱅대콩
- 96 알싸한 봄의 미각, 달래
- 99 목련화를 기다리며
- 102 까치밥
- 106 고운 새소리
- 110 까치 부부의 집짓기

제4부 | AI와 일자리

- 116 전쟁이 빚어내는 참상과 아픈 사랑 이야기
- 128 기독교와 불교의 차이
- 132 AI와 일자리
- 137 과학자는 아니지만
- 142 다산의 사랑
- 147 성서는 문학인가
- 153 우주의 크기를 알아보니

제5부 | 둥구나무 아래서

- 158 둥구나무 아래서
- 163 그래도 즐거웠던 시절
- 168 고향길 고갯마루에서
- 173 낚시를 즐기다 보니
- 177 가을의 풍미
- 181 통가리
- 185 고향의 빨래터
- 189 장날의 대장간

제6부 | 등을 내주는 사랑

- 196 아찔했던 순간들
- 200 밥상을 차리며
- 205 마음이 허망해질 때
- 209 무덤 산책자
- 213 등을 내주는 사랑
- 217 고독하지 않은 사람이 어디 있으랴
- 221 아름답게 늙는 것

226 ｜평설｜ 회상기억과 현실의 만남
- 이원희 교수

제1부

가을밤이 깊어지는 소리

가을밤이 깊어지는 소리

 밤공기가 제법 서늘하다. 아파트 뜰로 나서자 아름다운 선율이 흐른다. 얼핏 들으면 록이나 헤비메탈 같기도 하고, 요란한 신시사이저 음악처럼 들리기도 하며 마음을 낮춰 가만히 들어 보면 현악기 합주 같다. 거문고나, 바이올린이 내는 소리 같기도 하다. 풀벌레들의 오케스트라 연주회에 초대받은 느낌이다. 그래서 풀밭이 지천인 우리 집은 자동으로 오케스트라 공연장이 된다.
 소리 내는 풀벌레들의 매력에 빠진 건 수년 전부터다. 곤충 도감 『노래하는 곤충들의 이야기』를 읽었다. 그 뒤로 풀숲을 직접 찾아다니며 사진으로 본 귀뚜리, 매부리, 긴꼬리, 철써기, 쌕쌔기, 풀종다리 등 다양한 녀석들을 관찰하면서 그들의 몸짓과 소리에 점차 매료되었다.
 비록 풀밭에서 사는 벌레들이지만 그들이 하는 짓을 보면 얼마나 놀랍고 깜찍스러운지 모른다. 아니다 이는 건방지고 그들에게 지극히 실례를 한 표현이다. 그들이 방출하는 소리를 듣노라면 실로 경이롭기까지 하다. 실제로 몸길이가 6mm 정도밖에 안 되는데도 크고 아름다운 소리를 내는 귀뚜라미가 있는가 하면, 제짝을 안타까이 그리며 구슬픈 소리로 고요한 가을밤을 물들이는 귀뚜라미가 있다. 가을날 달빛에 젖은 채 가느다랗게 울리는 저들의 소리는 부재한 임을 호출하는 신호처럼 들린다. 그래서 그랬을까? 귀뚜라미의 옛말인 귀또리는 실제 떠난 임을 생각게 하는 소리의 단골로 옛 작품에 등장한다. 또한 몸길이가 2cm 정도인데도 100m까지 들릴 만큼 청아한 소리를 내는 긴꼬리가 있다. 똥을 뒷다리로 냅다 차서 날려버리는 여치도 있다. 언제나 몸을 깨끗이 하기 위해 더듬이나 발목마디 끝을 핥으면서 공들여 몸단장하는 실베짱이를 보면 귀엽기만 하다.

  시골이 고향인 나는 찌르륵찌르륵하는 풀벌레 소리를 들으며 자랐다. 누구는 자신을 키운 건 팔 할이 바람이었다고 하고, 또 어떤 이는 팔 할이 이야기라고 한다. 하지만 나는 단연코 풀벌레 소리가 내 유년의 뜨락을 차지했다고 말할 수 있다. 집 뒤란의 풀밭에는 베짱이, 소금쟁이, 방울벌레, 귀뚜라미, 땅강아지가 많이 살았다. 어떤 녀석은 초록색, 또는 갈색으로 잘도 뛰어다녔다. 서투른 손끝으로 잡아 올리면 뒷다리를 힘차게 흔들며 도망가려고 바동거렸다. 풀이 무성하게 자라는 여름날 오후 그리고 서늘한 바람이 불어오는 가을날 밤이 되면 뒤뜰 곳곳에서 들리던 갖가지 벌레 소리가 아직도 귀에 생생하다. 아니 해마다 풀벌레 소리를 들을 때마다 내 귀에 차오르는 옛적의 소리가 나를 과거로 끌고 가곤 한다.

며칠 전 저녁 무렵 어린 날의 향수를 불러일으키는 풀벌레들을 찾아 집을 나섰다. 과연 자연 음악회 주인공들을 만날 수 있을까. 모두 보호색을 가지고 있어 눈에 잘 띄지 않으나 제각기 노래하는 방법이 다르므로 구별하기는 그리 어렵지 않다.

고즈넉한 뒷산 기슭의 풀숲 길을 조심스럽게 손전등 빛을 비추며 걸어갔다. 어디선가 "기~익" 하는 울음소리가 단조롭게 들려왔다. 낮에 우는 여치에 비해 체형이 작고 날씬한 긴날개여치 소리였다. "시리리리 시리리리" 어렴풋이 끊어졌다 이어졌다 하는 소리도 들려왔다. 꼬마 중베짱이였다.

아주 가까이에 한 녀석이 보였다. 왕귀뚜라미 수컷이었다. 머리는 까맣고 둥글며 날개는 흡사 매미처럼 생겼다. 작은 풀잎 하나를 갖고 한참 배를 채우고 난 뒤에 더듬이를 깨끗이 닦는다. 우는 모습을 보려고 잠자코 지켜보았다. 날개를 수직으로 올려 비비면서 "찌르르 찌르르" 귀에 익은 소리를 냈다. 그 소리에는 높낮이가 있었다. 날개를 높이 들어 올릴 때는 고음, 살짝 내리면 낮은음이 여운처럼 길게 이어졌다. 녀석의 울음소리가 아까보다 훨씬 우렁찼다. 비밀은 바위틈에 있었다. 노래하는 풀벌레는 소리 증폭 방법이 제각각 다르다. 이 녀석 왕귀뚜라미는 땅굴이나 바위틈을 이용해 더 잘 들리도록 소리의 진폭을 크게 한다. 환경에 맞춰 자신의 소리를 최대한 높인다. 그러나 인간은 환경을 차지하기 위해 자신의 소리를 과장되이 터트린다. 자연에 비하면 사람이 얼마나 비루한 존재인지 단박에 알 수 있다. 비록 미물이지만, 지혜롭다고 아니 할 수 없다.

풀숲 저만치 앞쪽에서 마치 마라카스를 흔들어 대는 소리가 났다. 그 소리를 따라가다 만난 녀석은 중베짱이 수컷이었다. 몸통이 나뭇잎과 똑같은 연둣빛인 데다가 날개마저 나뭇잎 모양 비슷해 발견하기 어렵다. 날개 양 끝을 맞대고 쉴 새 없이 비비대면서 소리를 냈다. 동화 속 이야기와는 달리 아주 부지런한 녀석이다.

자기 몸통과 닮은 길쭉한 풀을 골라잡아 앉은 녀석은 긴꼬리쌕쌔기다. 자기 몸길이보다 서너 배나 긴 더듬이와 황갈색 날개가 특별히 눈에 띄었다. 잠자코 녀석의 움직임을 지켜보니 얇고 투명한 두 날개를 부딪쳐 "지릿 지릿" 소리를 냈다.

중베짱이와 비슷한 소리를 내며 요란하게 울어대는 왕매부리도 보였다. 몸통과 날개가 같은 색이며 몸통에 비해 날개가 길다. "츄르르르, 체키 체키, 풋풋" 소리를 냈다. 음색은 물론 쉼 없이 울어대는 소리까지 중베짱이와 닮았다. 매부리류는 대개 노랫소리가 단조롭지만 왕매부리의 소리는 깊고 아름다워 듣는 맛이 있다.

그런데 청아한 고음이 아름답기로 유명한 긴꼬리는 좀처럼 눈에 띄지 않았다. 겨우 찾은 녀석은 큰 나뭇잎 위에 보란 듯이 앉아 있었다. 자세히 보니 가늘고 긴 실 모양의 더듬이를 바짝 세우고 있는 베짱이였다. 몸통이 짧고, 통통하며 앞날개는 배 끝을 넘는다. 나뭇잎을 닮은 녀석이 나뭇잎에 앉아 있다. 녀석은 마치 "쓰이익 쩍" 신호음을 타전하듯 짧은소리로 울기를 반복했다.

밤이 이슥해서야 집으로 돌아왔다. 간단히 음식을 먹고 창문을 여니 아파트 정원에서도 반가운 풀벌레 소리가 하모니를 이루고 있다. 마치 골이 파인 판을 긁는 소리, 귀에 익은 귀뚜라미 소리다. 자세히 들으면 베짱이 소리도 들린다. 방울벌레도 일정한 사이를 두고 울어댄다. 달은 휘영청 밝고 철써기, 매부리 소리까지 한데 합쳐지니 가을밤을 수놓는 환상의 코러스 같다.

풀벌레 소리는 참 오묘하다. 종류에 따라 생김새가 다르듯 저마다 다른 소리를 낸다. 다 다르게 운다. 한 녀석이 울면 쉬었다가 딴 녀석이 울고 제각기 음색도 다르고 리듬도 다르다. 소리의 이어달리기가 저들의 놀이이자, 법칙인 듯싶었다. 안어울림음 같지만 시끄럽지 않다. 들을수록 마음이 편해진다. 어찌 보면 사람 사는 것하고 비슷하다. 각각 다양한 소리를 내고 있지만 잘 어울려 돌아간다. 우리도 그래야 하지 않을까. 어느 한쪽 소리만 크면 그건 바람직한 사회가 아니다. 숲속 사회는 제각기 목소리가 다르고 사는 모양도 다르지만 다 같이 조화를 이룬다. 그게 아름답다. 세상이 그래야 한다는 생각이 든다. 그래서 자연은 숨은 언어를 방출하는 창고다.

오늘 밤따라 풀벌레 소리가 애잔하게 나를 끌어당긴다. 문득 '가을밤 외로운 밤 벌레 우는 밤….' 하는 노래가 떠오른다. 풀벌레 우는 소리를 들으면서 가을이 깊어지는 걸 알았던 어린 시절로 돌아가고 싶다. 시간은 영영 가고 없으나, 소리는 여전히 내 귓전에서 머문다. 시간이 부서진 자리를 차지하고 있는 풀벌레 소리는 나의 과거가 저장된 곳간이다.

매미 소리

　태양이 이글대는 한낮이다. 매미들이 치솟은 기온을 못 이겨 쉰 목청을 쏟아붓는다. 성량으로 보아 아파트 뜰, 둥구나무 가지에서 매달린 것들의 말매미 소리가 분명하다. 수십 마리가 몰려온 것 같다. 여느 때보다 더 요란스럽게 들린다. 기차 화통을 삶아 먹었나, 소리가 어찌 그리 큰지 귀가 얼얼하다. 참으로 작은 것이 크다. 한여름 무더위에 울화가 북받쳐 울면 이렇게 들리겠지 생각하니 어처구니가 없는 웃음이 툭 터져 나온다.
　언제부터인가 매미의 울음소리는 도시의 소음이 되었다. 마치 고장 난 알람 시계같이 밤낮을 가리지 않고 운다. 한밤중에 우는 소리에 잠이 깰 때도 있다. 도시의 소음과 경쟁하다 보니 더 시끄러워진다는 얘기도 있는데 아닌 것 같다. 도심의 열섬 현상과 빛 공해가 주원인이라고 한다. 밤이 되어도 여러 인공조명 때문에 환한 데다

열섬 현상으로 높은 기온이 유지되기 때문에 매미가 늦은 밤까지 소리를 낸다는 게 전문가들의 견해다. 시절 모르고 울어대는 매미를 탓할 일이 아니다. 오히려 우리를 되돌아보고 자연을 얼마나 침해하는지 반성할 일이다.

창문을 닫자 방 안은 조용해졌는데, 귀청을 따갑게 했던 말매미의 소리는 이명 같은 여운으로 귓가를 맴돌았다. 그 순간 요맘때쯤이면 시골집 뜰의 감나무, 참죽나무에도 매미가 몰려와 극성을 부리며 맴맴 울고 있을 거라는 생각이 났다. 자리에서 일어나 집을 나섰다. 내친김에 고향길에 오르니 폭염이 작열하고 이에 항거라도 하듯 매미들의 소리가 기승을 부렸다. 어쩌면 저 매미소리로 여름은 더욱 여름으로 질주하지 않나 하는 생각도 들었다.

고향 마을 정자나무 옆 모정에 이르러 마루에 걸터앉아서 선선한 바람에 땀을 식히고 있자니 콸콸 흘러가는 정자 앞 도랑 물소리는 매미의 울음소리와 함께 귀청을 울렸지만, 그리 느낌이 나쁘지 않았다. 주위 환경에 따라 청각 신경도 달리 작동하는 모양이다. 잠잠히 귀를 기울여 듣고 있으면 그저 요란한 쌕쌕이 같은 매미 소리에도 단순하지만은 않다. 고저가 있고 장단 그리고 강약이 있었다. 말하자면 저들의 소리는 단순히 내지르는 음향이 아니라 잘 높낮이와 길고 짧음과 강약이 잘 버무려진 음악이었다. 달콤한 관현악기의 하모니까진 아니어도 전혀 어색하지 않은 자연의 화음처럼 들렸다. 도심과 달리 한적한 시골 분위기여서 그런지 몰라도 같은 매미

소리인데도 그 소리가 시원하여 더위가 가시는 느낌마저 들었다.

　내가 어릴 적만 해도 해마다 여름이 무르익으면 우리 집 뜰의 커다란 먹감나무, 참죽나무에는 너울거리는 푸른 잎에 이끌려 수많은 매미가 무시로 찾아왔다. 참매미와 쓰르라미가 자지러지게 울면 제법 선선한 바람이 불어왔고 가을의 문턱에 접어들었다. 이들의 소리는 시간을 잡아당기는 마력이 있는 듯했다. 조석으로 찬 기운이 비치는 팔월 하순에도 한낮은 염천이어서 매미와 쓰르라미는 지칠 줄 모르고 울어댔다. 매미가 우는 나무 위를 쳐다보면 솜뭉치 같은 흰 구름이 뭉게뭉게 피어올랐다.

　그 시절에는 여름방학 숙제로 으레 곤충채집이 들어 있었다. 개학하는 날은 낼모레고 밀린 숙제는 많아 눈만 껌벅이다가 거미줄 돌돌 감아 만든 채집망을 들고 잠자리와 매미를 잡으러 온종일 발랑대며 쏘다녔다. 하늘을 유유히 나는 잠자리는 쉽게 채집망에 걸려들지만, 높다란 나뭇가지에서 울어대는 매미는 좀처럼 잡을 수 없어 매미가 포함된 곤충채집으로 숙제 검사를 받던 친구가 부러웠다.

　자연의 섭리는 참 묘하다. 모처럼 어릴 적 매미와 함께 여름을 보냈던 시골로 가서 고향 맛을 본 뒤 집으로 돌아와 인터넷 검색을 하다가 매미에 관한 희한한 사실을 알게 되었다. 암컷을 유혹하기 위해서 소리를 내는 수컷 매미는 귀머거리여서 천둥소리도 들리지 않는다고 한다. 수컷의 고막은 발성기관과 서로 연결되어 있어서 소리를 낼 때는 소리 내는 것을 돕고, 소리 내지 않을 때 듣는 기능을 하므로 정작 자기 울음소리는 듣지 못한다는 것이다. 실제『파브르 곤충기』로 유명한 19세기 프랑스 곤충학자 파브르는 매미가 소리를 들을 수 있는지 궁금해서 재미있는 실험을 하나 했는데, 당시 시청 축제에 쓰이던 대포를 매미 바로 옆에서 발사해 봤는데, 매미가 아무렇지도 않게 계속 자기 소리를 냈다고 한다. 남이사 전봇대로 이빨을 쑤시던 말던 내 일을 착실히 하련다, 이런 식이다. 하지만 우리는 그런가? 콩팔칠팔 참견하고 나선다. 매미처럼 제 일만 치열하게 하기보다는 옆사람의 삶으로 들어와 헝클어놓기 일쑤다.

매미는 청백리의 상징이었다. 학식(文), 깨끗함(淸), 청렴함(廉), 검소함(儉), 신의(信) 등의 다섯 가지 덕(德)이 있다 하여 백성을 다스리는 모범으로 여겼다. 그래서 그랬을까? 과거 통치자는 익선관이라는 관모를 썼다. 날개 익, 매미 선. 매미 날개 형상의 관모를 쓴 이유를 알 것도 같다. 지난 유월, 전주 한옥마을의 한 모자박물관에 가본 일이 있다. 그곳에는 다양한 모자들이 전시되어 있었다. 그중에는 조선 시대의 벼슬아치들이 집무를 행할 때 머리에 썼다는 관모가 있었다. 그건 바로 매미 날개 형상을 늘어뜨려 양옆으로 장식한 것이었다. 그걸 씀으로써 당시 관리들은 청렴을 거울로 삼았다고 한다.

매미의 자연미를 정신적 가치로까지 승화시킨 옛사람들의 지혜와 통찰력에 놀랄 뿐이다. 사물을 관념화하는 그 상상력은 여러 군데에서도 확인되지만, 매미의 가볍고 투명한 날개에서 청렴이라는 통치자의 도덕적 가치를 발굴한 게 놀랍기만 하다. 그런데 매미가 최근에 이르러서는 귀한 손님 대접받기는커녕 여름철의 단잠을 방해하는 천덕꾸러기 신세가 된 것 같아 안타깝기 그지없다. 지금 창밖에는 생의 마지막 의지를 불태우는 매미의 울음소리가 절절하다. 이제 곧 매미가 울어서 뜨겁다던 여름도 한풀 꺾이고 말 것이다. 매미의 오덕五德을 떠올리면서 풍성한 가을을 맞이할 준비를 서둘러야겠다.

소리, 소리, 소리

 우당탕 퉁탕 뛰는 소리가 요란하다. 손나발을 하고 소리까지 지르며 모처럼 온 놀러 온 손주들이 신나게 놀고 있다. 뛰고 소리 지르는 것은 진동을 일으켜 발산하는 건강의 징표다. 아이들의 힘은 다리에 있는가 보다. 나이 들면 열이 위로 올라가고 아래는 부실하다. 그래서 정기가 입으로만 모이는가 보다. 나이 든 사람의 잔소리는 그야말로 잔다란 소리가 아니라, 긴소리, 크게 소용되는 없는 말들의 주절거림이다. 그러나 아이들은 그렇지 않다. 틈만 나면 뛰고 또 뛴다. 바로 저 손주들처럼, 노는 모습을 보니 마음이 흐뭇하기 그지없다. 하지만 더 이상 구경할 수만은 없다. 아래층이 울리니까 조용히 하라고 타일러야 한다.
 때때로 나는 주위에서 나는 소리에 대하여 신경질적으로 민감함을 발견하고 놀라는 경우가 있다. 그것은 아마도 큰길가에서 수년

간 살아서 그러지 않나 생각된다.

　지금 살고 있는 아파트로 이사 오게 된 계기도 소음 때문이었다. 봉급생활 홑벌이로 어렵게 시내 삼거리 도로변에 집 한 칸을 마련했는데 도시의 자동차 소음이 원래 그렇듯이 잡음은 끝이 없었다. 경적과 엔진 소음과 타이어 미끄러지는 소리 따위가 시도 때도 없이 날아왔다. 달리는 자동차의 소음에 시달려 밤잠을 설칠 정도였다. 교통이 편리한 곳이라서 이사 가기 싫다는 아내를 설득하여 시의 변두리 아파트로 이사 온 지 이십 년 가까이 되었다.

　그런데 아파트 생활을 하니 내 귀는 작은 소리에 더 민감해졌다. 화장실 물소리, 바닥충격음 소리, 피아노 소리, 오디오 소리, 대화 소리, TV 소리 등등 여러 가지 소리가 수시로 들려 신경 쓰였다. 게다가 웬걸, 아파트 건물 안으로 들어온 모기들은 겨울에도 죽지 않고 우리 집의 불청객으로 쳐들어와 앵앵거리며 단잠을 설치게 했다.

　내가 어릴 적만 해도 신경이 쓰이는 소리보다는 도리어 즐겨 감상할 만한 소리가 많았던 것 같다. 여름에 찌르륵찌르륵하는 풀벌레 소리, 가을밤에 집집이 들리는 아낙네들의 또드락또드락 다듬이질하는 소리는 오히려 리드미컬했고 추녀들의 풍경 소리는 평화와 안온의 상징이었다. 이러한 소리는, 우리의 기억 저 너머로 잊혀 가긴 해도 어머니를 향한 그리움처럼 포근한 소리이다. 아련한 노스탤지어를 불러일으키는 정겨운 울림이다.

아득한 옛날 사람들은 냇가의 물소리나 바다의 파도 소리, 빗소리와 천둥소리, 그 밖의 새소리와 귀뚜라미 소리 같은, 자연이 만들어 내는 소리로 귀를 채웠을 것이다. 그들이 들을 수 있었던 인위적인 소리란 사람의 발소리, 노래, 슬픈 탄식 소리에 불과했을 것이다. 그들이 예민했어야 한 것은 맹수가 가까이 오는 소리 정도였을 것이고 그 이외의 것들이라면 평화롭게 감상할 수 있는 것들이 전부였을 것이다.

지금의 시대를 대표하는 소리는 자동차의 소음이 아닌가 싶다. 그밖에 손꼽힐 만한 현대의 소리는 공항의 제트엔진 소리나 윙윙거리는 기계 소리, 멀리 훈련장에서 쿵, 쿵, 울려오는 포 소리나 거리의 확성기 소리라고 생각한다. 평화로운 소리를 듣는 기회는 점점 없어져 가고 문명이 만들어 내는 소리가 날로 날로 증폭되어 간다. 비행기는 빠를수록 소리가 더 요란하지 않은가.

나는 우주의 소리를 듣고 싶을 때가 있다. 간혹가다가 수많은 별이 반짝이는 밤하늘을 머리에 이고 뜰에 혼자 앉아 거대한 정적의 소리에 귀를 기울이곤 했다. 그럴 때마다 귀울음 영향으로 그런지 모르지만, 가슴 깊숙이 스며드는, 나직하지만 웅장한 음악을 듣는 듯한 느낌이 들 때가 있었다. 우주와 나누는 나의 신호일까?

머잖은 미래에 인간은 우주를 여행하게 될 터인데 그들은 거기서 무슨 소리를 들을 수 있을지 궁금하다. 거기에는 아마도 지독한 소음보다도 더 무시무시한 고요와 적막이 있을 것 같다. 우주 공간은 공기가 거의 없기 때문에 소리가 전달될 수 없다고 한다. 나는 진공상태 속을 경험한 이야기를 들은 적이 있는데 그것은 무엇보다도 기분 나쁜 고요함 때문에 견디기 어려웠다고 한다.

스릴러 영화에서 어떤 감독은 그 영화의 클라이맥스인 살인 장면에서 모든 소리를 없애버렸는데 나는 그것이 어떤 장면보다도 음향 심리 효과를 노렸다는 생각에 감탄한 적이 있다.

며칠 전 일이다. 여러 가지 섞이어 울리는 소리의 난무에 잠이 깼다. 대체 어떤 소리가 한꺼번에 들리는지 창문을 열고 내다보았다. 놀라웠다. 한꺼번에 들리는 자동차 소리는 한두 대가 아니었다. 초침이 한 바퀴 도는 동안 스물이 넘는 각종 자동차가 지나가며 내는 소리였다. 이런 소리는 대개 귀에 익은 것들이어서 흘려버리기 마련이다.

얼마 전에는 서울의 번화가 주변 어느 호텔에서 누운 채 동시에 들려오는 소리를 분간해서 들어 보았다. 내가 사는 곳과는 다른 것들이 많아서 분별하기 쉬웠다. 자동차 경적, 액셀러레이터를 밟아 급발진하는 소리, 급정거하는 자동차의 타이어와 노면이 내는 신경질적인 마찰음, 교통순경의 호루라기 소리, 엘리베이터의 소리, 에어컨 가동되는 소리, 화장실 물 내려가는 소리 등등의 온갖 소리가 짧은 시간에 끝나는 것이 아니고 종일 계속되었다. 찌들고 탁한 생활의 소음들이 도시 사람들의 신경을 얼마나 시달리게 하는지를 가히 짐작할 만했다.

언젠가 이비인후과 의사와 얘기할 기회가 있으면 꼭 한번 물어봐야겠다. 우리의 고막은 이렇게 평생을 계속하는 진동에도 견뎌 낼 만큼 강한 것인가를. 그러나 이걸 묻고 싶은 심정은 내 귀의 건강을 염려해서가 아니다. 우리의 도시 생활은 지독한 소음의 연속이며 그 스트레스로 인해 신경이 날카로워진다.

그렇다면 우리 주위의 짐승들은 소리에 얼마나 예민하게 반응할까? 사람보다 몇 배 더 민감하다. 소란한 곳에서 키우는 닭은 산란율이 떨어지며 소음도를 달리한 장소에서 쥐의 수명을 실험해 보면 시끄러운 쪽 놈은 조용한 쪽 놈의 삼분의 이 밖에 살지 못한다는 얘기를 들은 적이 있다. 동물원 가까운 곳에서는 자동차의 경적을 제한하고 있는데 그것은 동물들이 경적에 놀라 마구 뛰다가 몸에 상처를 입기 때문이라고 한다. 어린아이들이 작은 소리에도 깜짝 놀라는 것은 사람이라 할지라도 생래적 본성은 훨씬 소리에 민감하기 때문일 것이다.

오랫동안 사람들은 소리에 무감각해져 왔다. 백사십여 년 전 소리를 재생하는 방법을 에디슨이 발명해 낸 이래 소리를 기록하는 능력은 완벽에 가깝도록 발전되었다. 하이파이 시스템의 개발과 함께 보다 생생한 음질로 영상을 볼 수 있는 시대에서도 소음 공해에서 벗어나지 못하고 있다.

그럴수록 대자연이 만들어 내는 생명의 소리를 들어야만 소음으로 말미암은 스트레스를 풀어 버릴 수 있다고 본다. 나는 우리 주위의 소리를 정리하고 세련되게 하는 것이 삶을 더 풍요한 것으로 만드는 길이라고 믿는다. 주변의 소음을 잊고 마음을 고즈넉이 가라앉히는 시간이 필요하고 생각한다. 시냇물 소리가 들리는 곳에 아담한 집을 짓고 그곳에서 전원생활을 즐길 수 있다면 얼마나 좋을까! 새 소리 바람 소리 들리는 숲을 거닐며 소요음영하는 상상만 하여도 가슴이 탁 트이는 것 같다. 심지어는 안개가 숨 쉬는 소리, 바람이 질주하는 소리, 구름이 구르는 소리조차 참 편하다. 그러고 보면, 소리의 둥지는 인공과 자연이고, 이 가운데 자연이 만들어 내는 소리야말로 심신 안정제이자 청정제임을 부정할 수 없다. 그렇다면 인공소리를 자연소리로 번역, 또는 전환하는 기계가 필요할 듯하다. 그동안 밀물처럼 서서히 다가왔던 소리, 소리, 소리들을 다시 한번 떠올려 본다.

하루살이의 떼춤

지난여름 시골집에 가서 피서를 즐길 때였다. 해가 지고 어두울 녘에 마루에 걸린 전등불 주위로 기를 쓰며 날아드는 벌레 중에 하루살이란 놈이 있었다. 그 벌레의 생명은 불빛을 찾아든 그날 밤으로 끝나야 하는 숙명을 지녔기에 이름이 하루살이로 불린 거다. 그래서인지 곧잘 우리 주위에서는 내일의 기대 없이 하루가 전체 인생인 양 근근이 살아가는 사람을 하루살이 인생으로 비유하기도 한다. 그런데 하루살이와 관련한 동화가 있다.

어느 날 하루살이와 모기가 재미있게 놀다가 헤어지면서 오늘은 참 재미있었다. 내일 다시 만나 더 재미있게 놀자고 하니 하루살이는 내일이라는 두 글자를 모르더라는 것이다. 집에 돌아온 하루살이는 아버지에게 내일이 무엇이냐고 물었으나 모른다고 하기에 동네 친구에게 다시 물었으나 모두가 모른다고만 하니 답답한 하루살이는 내일도 모르는 놈이 살아서 무얼 하겠냐면서 그날 밤 전등불에 머리를 박고 죽었다는 것이다.

이 이야기처럼 하루살이는 내일을 모른 채 정말 하루만 살까? 어른벌레로만 보면 얼추 맞다. 성충 하루살이는 보통 2~3일을 사는데, 최대 2~3주, 짧게는 1시간 만에 죽어 평균 수명은 하루로 봐도 무리가 없다. 단, 애벌레로 물속에서 1~3년을 살아 전체 수명은 하루보다 훨씬 길다.

그렇다면 하루살이는 왜 성충으로는 하루밖에 못 살까? 바로 입의 퇴화 때문. 애벌레 시절엔 물때 등을 먹고 살지만, 어른이 되면 입 자체가 사라져 먹는 게 불가능하다. 말 그대로 굶어 죽는 거다. 오직 짝짓기라는 소명만 다하고 가도록 진화된 셈이다. 떼로 다니는 것도 천적에게 먹힐 확률을 줄이고, 짝을 더 쉽게 만나기 위해서다. 이런 하루살이의 짝짓기와 생존 전략을 얼마 전 EBS 다큐 동영상을 통해 생생하게 본 일이 있다. 그때 방영된 하루살이의 생존 전략과 관련해서 해설한 내용을 소개해 보면 다음과 같다.

어둠이 찾아온 냇가, 여기에는 오랜 시간 번식 기회를 기다려 온 애벌레 한 마리가 있다. 애벌레 상태로 무려 삼 년의 시간을 보내는 이 녀석이 바로 하루살이다. 우리나라에만 80여 종이 있다.

성충이 되자마자 하루살이들은 비행을 시작한다. 마치 축제하듯 떼를 지어 나는 수컷 하루살이는 암컷의 눈에 띄기 위해 치열하고도 화려한 군무를 펼친다. 공중 비행을 하며 순식간에 이루어지는 짝짓기. 하루살이의 침실은 악무한惡無限의 허공인 셈이다. 떼로 하니 굳이 침상이고 뭐고가 필요 없다. 그저 자유롭게 날며 마음에 드는 짝을 만나면 즉시 거룩한 개체 보존행위를 시도한다.

그 이유는 능숙하지 못한 솜씨에 있다. 날개가 돋치자마자 날아야 하는 초보 운전이나 다름없는 비행. 거미 같은 포식자가 쳐 놓은 함정에 빠져 먹잇감이 되는 비극적 운명에 놓이기 쉽다. 하지만 짧은 생애를 사는 하루살이에게 비행 연습에 투자할 시간이 없다. 그래서 택한 방법이 무리를 지어 포식자들을 수적으로 압도하는 것. 우리가 하루살이의 화려한 군무를 볼 수 있는 것도 바로 이 때문이다.

짧은 생애를 오로지 번식에만 투자하는 하루살이. 그래서일까 성충이 되면 입은 흔적만 남는다. 짧은 번식을 위해 먹는 기능이 퇴화한 것이다. 그들에게는 번식만이 삶의 유일한 존재 이유다. 짝짓기가 끝나면 하루살이는 엄청난 양의 알을 쏟아낸다. 하루살이의 마지막 순간만을 노리는 개구리나 물고기 같은 포식자는 눈을 부릅뜨고 이들의 짝짓기를 지켜본다. 사실은 그들의 먹이인 하루살이의 알을 노린 것이다. 그러니 하루살이는 연약한 자손이 계속 살아남기 우선 양으로 승부를 겨룰 수밖에 없다.

생애 마지막 순간까지 더 많은 수정란을 물속에 떨어뜨리기 위해 사력을 다하는 하루살이. 그러나 이 중 대다수의 알은 물고기의 밥이 되고 만다. 하지만 수정란 중 일부라도 살아남을 수 있다면 하루살이의 거룩한 생은 마감한다. 비록 미물일지라도 개체 보존을 위한 전략이 기막히다.

공존하는 삶과 죽음 속에서 매일 밤 사랑에 빠지는 하루살이의 날갯짓이 밤하늘을 수놓는다. 약 3억 6천만 전에 처음 나타난 하루살이가 지금까지 지구상에 존재할 수 있는 것은 바로 이 거대한 순간 짝짓기 전략에 그 비밀이 있지 않을까.

다음 생엔 하루살이로 태어나 노을 진 저녁에 춤만 추다 가고 싶다고 하던 한 작가의 말이 생각난다. 그 작가는 분명코 생전에 하루살이의 열정적이고 황홀한 춤을 보고 큰 감명을 받았으리라.

지난여름 시골집에서 본 하루살이 떼. 왜 이렇게 많이 모였나 싶었던 하루살이들, 작아도 뭉치면 작은 게 아니라는 말을 실감할 수 있었다. 휘황한 불빛 아래서 펼치는 화려한 군무가 그들의 생존 전략이었음을 깨달았다. 또한 하루살이들이 무리를 지어 포식자들을 수적으로 압도하는 장면을 보고 6·25전쟁에서 중국 공산군이 썼던 인해전술이 생각났다. 전투원의 손실을 고려하지 않고 압도적인 인원을 한 곳에 쏟아부어 상대를 압도하는 전법이다.

한편으로 하루살이의 하루와 길어야 겨우 백 년을 사는 사람살이의 백 년을 비교해 보았다. 시간은 상대적이다. 우리보다 상위의식과 문명을 지닌 생명체들의 행성에서는 우리의 시간을 찰나로 여길 수 있다. 신의 영원함에서 본다면 살아 있는 모든 존재의 수명은 한 순간에 지나지 않는다. 그러니 하루밖에 살지 못하는 하루살이 앞에서 우리가 뽐내며 젠체할 필요가 하등 없다. 우리도 어차피 하루하루 연속으로 살지 않는가?

기원전 13세기경에 이스라엘 민족을 이집트의 노예 상태에서 해방한 민족의 지도자, 모세는 시편 90:4에서, "주의 목전에는 천 년이 지나간 어제 같으며 밤의 한순간 같을 뿐"이라고 말하고 있다. 사도 베드로는 베드로후서 3:8에서, "사랑하는 자들아, 주께는 하루가 천 년 같고 천 년이 하루 같다는 이 한 가지를 잊지 말라"고 당부하고 있다.

얼마 전에 본 하루살이에 관한 영상의 잔상이 아직도 머릿속에 남아 있다. 하루살이는 하루에도 제 할 일을 다 하는데, 나는 하루라도 제대로 살았던가. 모처럼 하루살이의 군무를 떠올리면서 하루하루를 유유도일로 아까운 시간을 낭비하면서 허투루 세월을 흘려보내고 있는 나를 돌이켜보는 날이다.

지렁이의 수난

비 그치고 날이 갠 오후다. 아파트 산책로를 걷다 보니 길을 잃고 헤매는 지렁이가 눈에 많이 띈다. 아니, 물을 만났으니 기기에 딱 좋아서 산책하는 중인지도 모를 일이다. 고무락고무락 기어가는 꼬락서니가 보기에 딱했다. "얘, 그렇게 굼떠서는 밟혀 죽겠다." 중얼거리며 엄지와 검지로 집어 바로 옆 화단이나 풀밭으로 옮겨 주었다.

그런데 지렁이도 건들면 꿈틀한다고 했던가. 손으로 집어 올릴 때는 저 살려 주려고 그런 줄 모르고 온 힘을 다해 손아귀를 벗어나려고 몸부림한다. 작은 지렁이일수록 미끈거리고 꿈틀거리는 촉감이 징그러워 땅바닥에 내려놓으면 S자를 쓰며 지그재그 죽을 둥 살둥 도망친다. 그러다 지치면 느릿느릿 1자로 기어간다.

수십 개의 마디로 이루어져 있는 지렁이는 몸이 길쭉해서 밟히기

쉬운 데다 산책로에는 오가는 사람이 많다 보니 발에 밟혀 죽을 확률이 높다. 여행의 절반이 성공해서 자전거 전용도로에 닿으면 또 바퀴들을 만나니 그리된다. 바퀴는 보행자의 발보다 수적으로는 훨씬 적지만 대신 단 한 번만 밟혀도 여행은 거기서 끝나고 만다.

이처럼 잘못 길거리로 나온 지렁이는 '엑소더스' 하듯 죽기 살기로 길을 건너야 살 수 있으니, 그들의 여행은 고달픈 것은 말할 것도 없고 운도 따라 주어야 한다. 큰 지렁이는 작은 지렁이보다 기어가는 속도가 빨라서 길을 곧잘 건널 수 있지만 몸집이 큰 만큼 밟혀 죽을 확률도 더 높다. 작은 지렁이는 건너가는 데 오래 걸리는 만큼 더 많은 고비를 맞지만 의외로 작은 몸집으로 인해 길 틈새에서 살아남을 공산이 더 크다. 옛날 고승들이 올이 촘촘한 짚신을 신지 않은 것도 어쩌다 밟을 지렁이를 위한 배려였다. 미물도 살리고 태어났는데, 저 작은 것도 생명이 의지가 있는데…

게다가 보도블록이 깔린 길이나 아스팔트가 깔린 도로로 지렁이가 나온다는 것은 하나의 모험이 아니라 자살행위다. 엉겁결에 나왔거나 작정하였든 다시 흙으로 돌아갈 수 없다. 그 이유는 무엇일까. 지렁이가 단단한 물체를 뚫을 수 없는 것은 부엌에 솥이 있는 것처럼 당연한 사실. 지렁이는 흙을 찾아야 하는데, 일단 눈이 없다. 피부로 흙을 감지하며 살기 때문에 진화할 필요가 없었을 것이다. 근육의 수축, 이완으로만 이동할 수 있다. 왔던 길을 되돌아갈 수도 없다. 발이 없기 때문이다.

결국, 대다수는 길바닥에서 비명횡사한다. 그냥 곱게 죽는 것이 아니라 아주 참혹하다. 빗물에 축축하다가도 햇볕에 점점 수분이 증발하며 철판구이가 되어간다. 목이 타고 몸이 비비 꼬여도 비명 한 번 제대로 질러보지 못한다. 뙤약볕에 노출된 지렁이들은 몸을 하늑거리며 점점 말라비틀어져 간다. 끝내 마른 잔가지가 되어 영락없이 공사판의 철사 도막이나 구부러진 못이다.

지렁이들은 왜 그처럼 죽음을 무릅쓰면서까지 바깥세상으로 나오는 걸까? 위험천만한 줄 몰랐을까? 그렇지 않다. 지렁이들은 먹이를 찾거나 짝짓기를 위하여 땅 위로 나온다고 한다. 비가 오면 땅속이 습해지고, 호흡이 곤란해져, 생존을 위해 지상으로 나오는 거라는 얘기도 있다. 어찌어찌해서 지렁이들이 땅 위로 나왔건 간에 온전히 살아남으려면 햇볕이 강렬해지기 전에 다시 땅속으로 숨어들어가야 한다. 일광욕의 욕심이 과하거나, 게으른 지렁이는 결국 죽는다. 땡볕에 몸이 말라죽거나, 무심코 그들을 밟은 인간에게 죽어가는 지렁이들. 그렇게 죽은 그들의 몸은 결국 개미들의 밥이 된다.

도처에 죽음이 기다리고 있는 지렁이. 우리는 만만한가? 우리 역시 도처에 슬픔과 죽음이 매장되어 있다. 까딱하다가는 지렁이처럼 무참하게 지상과 고별하게 된다. 그래서 생즉원生卽怨이요 생즉원生卽願이다. 사는 게 원망스럽기도 해서 오로지 살고자 하는 소망을 누구나 가슴에 담고 있는 게 아닌가?

지렁이들의 험난한 여정을 지켜보면서 그들의 여행이 실패하는 가장 큰 이유는 몸의 크기가 아니라 멈춤 때문이란 사실을 알게 되었다. 물론 주변을 살피거나 잠깐 쉬기 위해서 멈출 필요가 있지만 너무 오래 멈추면 햇볕에 피부가 건조해지고 기력이 빠져 다시 움직일 수 없게 될 가능성도 높아지는 것 같았다.

그러한 위기 상황이 지렁이에게만 있을까? 사람도 살다 보면 역경도 있고 실패도 있기 마련이다. 어찌 보면 지렁이의 여정은 우리의 인생길과 닮은 점이 있다. 내 삶을 돌이켜보아도 어리석고 게을러 곤경에 처했던 적이 한두 번이 아니다. 주어진 일을 날렵하게 처리하지 못하거나 가던 길을 멈추고 애먼 짓 하다가 결국 낭패를 본 일이 숱하다.

기실 알고 보면 지렁이가 비 올 때 당하는 수난보다 농약으로 당하는 수난이 훨씬 더 크다. 나 어릴 적 텃밭이나 뒤꼍을 살짝 파기만 하면 지렁이가 꾸무럭꾸무럭 나왔다. 습한 흙이 있는 곳이면 어느 곳이든 지렁이가 쉽게 발견되었다. 최근 들어 무분별한 개발로 자연이 황폐해지고 경작지에는 제초제나 화학 살충제가 뿌려지면서 지렁이가 급속히 사라지고 그 서식지도 좁아지고 있다.

자연계의 모든 것은 균형과 조화 속에서 존재하고 거대한 그물망처럼 상호 유기적으로 연관되어 있다. 마치 인다라망의 보배 구슬들과 같이 중중무진의 관계를 맺고 있다. 지렁이가 살 수 있는 땅이 줄어들었다는 사실은 지구의 생명 자원 체계가 심각하게 손상되었고, 이대로 가면 그것은 치유 불가능한 것으로 되어 결국 인류 문명이 종말을 고하게 될 것이 거의 분명한 상황에 지금 우리는 처해 있다고 해도 과언이 아닐 것이다.

지렁이는 땅속에서 생태계의 안정성을 유지하는 중요한 역할을 한다. 토양에 공기를 유통하고, 배수를 촉진해 식물 성장에 도움을 준다. 유기물질을 빠르게 분해하여 영양이 풍부한 물질을 제공해 준다. 지렁이가 배설한 흙을 분변토라고 하는데, 이 분변토는 인류가 얻을 수 있는 가장 깨끗하고 안전한 비료라고 일컬어진다. 아직도 지구상의 대부분 땅은 지렁이 덕분에 땅심이 유지되고 있다.

비 그치고 날이 갠 오후다. 흙먼지를 뒤집어쓴 지렁이가 아스팔트를 기어간다. 저기 저만치 꽃밭이 보인다. 흙에 생명을 주는 주인공 지렁이를 어찌 외면할 수 있으랴. 징그럽고 불쾌감을 주지만, 손으로 집어 풀숲이나 흙 있는 곳에 던져주고 나면 작은 공덕 쌓는 것 같아 기분이 좋다. 지렁이가 좋아할 것 같다. 남이 좋아하는 걸 함께 좋아하는 걸 불가에서는 수희공덕이라고 한다지? 나는 하찮은 미물에게 작은 수희공덕을 쌓았다. 남이 보든 말든 상관없이 진종일 마음이 가볍다.

힐링 캠핑

　몸과 마음이 지치거나 휴식이 필요할 때면 아내와 숲으로 캠핑을 떠난다. 초록빛 숲속에서 싱그러운 공기를 한가득 마시고 나면 심신이 개운해진다. 온 세상이 푸른빛으로 물든 6월, 지친 몸과 마음을 달래려고 아름다운 자연 속에 묻힌 캠핑장으로 향했다.
　가족끼리 이런저런 얘기를 나누고 스무고개 게임도 하다 보니 어느덧 목적지다. 캠핑장 팻말이 보이고, 잘못 왔나 싶을 정도로 골짜기 산속으로 들어가니 울창한 나무들 사이로 캠핑장이 나타난다. 우리가 예약한 사이트에 텐트를 치기 전 데크에 서서 숨을 크게 들이쉰다. 가만히 귀 기울여 새소리도 들어본다. 내가 좋아하는 숲의 냄새, 숲의 소리가 가득하다. 몇 살이나 되었을까? 높게 뻗은 나무들이 내어주는 아늑한 보금자리에 감사함을 느낀다.
　보슬비가 살짝 내리는 숲은 더 청량했다. 우비를 입고 텐트를 치기 시작했다. 6월부터는 날씨가 변덕스러우니 늘 우비를 구비하고 다니기를 추천한다. 오늘 가져온 텐트는 3인 가족이 쓰기 좋은 거실형 텐트로, 전실과 침실이 나뉘어 있다. 거실형 텐트의 장점은 활동할 수 있는 전실이 있어서 그늘막을 따로 치지 않아도 된다. 그래서 혼자 '솔로 캠핑'을 갈 때도 자주 들고 다니는 편이다. 텐트를 치고 침실을 정비하고 장비를 텐트 안으로 하나씩 들여놓았다. 그동안 비가 그쳤다. 텐트 밖으로 꺼낸 의자에 앉아 하늘을 올려다보았다.

이 싱그러운 계절이 오래도록 머무르길 바라지만, 오래 붙들고 싶은 것들은 언제나 찰나다. 그러니 미루지 말고, 순간순간을 온전히 느껴야 한다.

탁 트인 공간에 맑은 공기, 파란 하늘과 솜털 같은 흰 구름을 이고 앉은 캠핑장은 보는 것만으로 '힐링' 그 자체였다. 여기에 즐거운 노래, 맛있는 음식, 오순도순 정담이 곁들여져 이틀 내내 들뜬 표정이 되었다.

숲이 우리를 품어주는 기분이다. 자연이 부리는 치유의 마법. 아내와 손잡고 흙을 밟으며 옆 숲길을 걷는다. 걸을 때마다 나뭇잎 사이로 들어오는 빛이 따뜻하게 느껴진다. 곳곳에서 새 소리가 들려와 가만히 눈을 감고 있으면 마음이 편안해진다. 코끝으로 짙은 나무 향기를 맡으면 청량감이 느껴진다. 숲속의 피톤치드를 가득 마셔본다. 숨 쉬는 공기가 이렇게 달콤할 수 있을까 새삼 놀라게 된다. 숲길을 걷지 않아도, 그 숲에 조용히 서 있는 것만으로도 몸과 마음이 치유되는 느낌이다.

　산책을 다녀와 이른 저녁을 먹기로 했다. 비 내린 촉촉한 숲에 어울리는 국물 요리를 준비했다. 우리 둘이 모두 좋아하는 어묵탕이다. 기분 때문인지 날씨 때문인지 오늘따라 내가 끓인 어묵탕이 더 맛있게 느껴진다. 따뜻한 어묵탕 국물을 호로록 마시니 새벽 갓밝이부터 짐을 챙겨 달려온 피로가 싹 가시는 듯하다. 저녁을 먹고 숲에서 여유를 즐기다 보니 어느새 어둑어둑한 밤이 찾아왔다. 화로대에 모닥불을 피워 감자를 구워 먹고 도란도란 이야기를 나누다 이르게 잠자리에 들었다. 숲의 맑은 공기 덕분인지 금방 단잠에 빠져든다.

　짹짹거리는 새소리에 일찍 아침을 맞이했다. 새소리만 울려 퍼지는 숲속의 아침은 내가 제일 좋아하는 캠핑의 순간 중 하나다. 조용히 텐트 밖으로 나와 물을 끓인다. 쌀쌀한 숲속의 아침은 따뜻한 차 한잔 마시기 딱 좋은 온도다. 어느 것에도 방해받지 않고 둘만의 시간을 갖는다. 평화롭다.

　"캠핑하러 다니면 힘들지 않아요? 힐링도 좋지만 짐을 싸고 떠나는 일이 쉽지 않아 보여요"라는 말을 자주 듣곤 한다. 맞다. 짐을 싸고 푸는 일은 번거롭고 힘든 일이다. 하지만 힘듦은 잠시고, 캠핑에서, 자연에서 얻는 것이 너무도 많다.

　아내는 곧잘 잠을 설치는데 캠핑하는 날이면 달콤한 잠이 쏟아진다고 한다. 또 이번 캠핑에선 환절기 감기로 코를 훌쩍이던 나도 숲속에서 하룻밤 자고 나니 거짓말처럼 콧물이 쏙 들어갔다. 자연이 부리는 치유의 힘이다.

 숲에서 시간을 보내고 오면 육체적으로는 말할 것도 없고 정신적으로도 건강해진다. 새소리와 물소리, 바람 소리가 합창하는 자연의 소리를 벗 삼을 수 있다. 소음으로 가득한 도시를 벗어나 새소리만 들리는 깊은 숲에 있으면 영상이나 글로 표현할 수 없을 만큼 마음이 평온해진다. 이 평온은 명상과도 같다. 눈을 감고 명상하지 않아도 머릿속과 영혼이 맑아지는 느낌이다. 그 속에서 다시 앞으로 나아갈 힘을 얻는다.

한여름날의 야영

인간은 자신의 존재와 가치를 깨닫기 위해선 자연과의 소통이 필요하다. 그리스 신화 속의 거인 안타이오스는 두 발이 땅에 닿아 있을 때는 무적이었지만 헤라클레스에게 공중으로 들려 죽임을 당했다. 인간도 마찬가지다. 흙과 긴밀한 감각적 접촉을 갖는 동안은 무적인 것 같다. 농부는 일을 하며 이런 접촉을 갖는다. 어부도 물의 흙이 없으면 살지 못한다. 도시 사람들은 공원을 산보하거나 아파트 상가에서 화분을 만지면서 이런 접촉을 가질 수 있다. 요새 유행하는 맨발 걷기도 따지고 보면 대표적인 어싱earthing이다. 초기 인류부터 줄곧 해왔던 지구접촉이다. 맨발 걷기, 수영, 큰 나무줄기에 등치기, 풍욕 등은 건강을 위해 시행하는 지구접촉이나 초기 인류부터 우리는 지구와 만나야 생존할 수 있었다.

한여름날 시원한 계곡에서 밤을 지내보기로 마음먹었다. 간단한 음식을 준비하고 베란다 벽장에서 텐트와 침낭을 꺼냈다. 그 밖에 코펠과 구급낭, 수저와 칼, 버너와 라이터, 랜턴과 물통을 준비했다. 한데 모으니 탁자를 다 차지할 정도다. 무엇이 그리 많은지.

원시인들은 돌 하나면 족했다. 그것이 망치이자 칼로 사냥과 조리의 도구였으니까. 풀과 열매 그리고 생존에 필요한 것들은 돌 하나로 야생의 들판을 누비며 이들을 구했으리라.

현대인들의 아웃 체험은 편리한 문명을 한껏 활용해 잠시 자연품에서 인간의 시원적 삶의 모습을 떠올리며 그들로 가는 경험이다. 별빛과 달빛 그리고 바람과 물소리를 들었을 원시인들과 마음을 공유하며 편안함을 느끼기 위해서다.

야영을 떠나는 날 아침, 창밖을 보니 하늘이 햇빛을 흠씬 머금고 있다. 차를 몰아 고향 산골 마을로 향했다. 골짝에 도착하니, 눈앞에 천막을 칠 수 있는 공간이 보였다. 바위가 평편하게 누워있는 개울가 옆의 숲속에 텐트를 치기로 했다. 기둥을 세워 귀퉁이에 말뚝을 박고 반 시간도 걸리지 않아 아늑하고 비가 새지 않는 텐트를 쳤다.

검불이 매트처럼 깔린 텐트 안으로 들어갔다. 몇 분 지나지 않아 이내 밑바닥의 열이 몸으로 옮아오는 것처럼 안온해졌다. 밤공기가 감싸 주는 기운을 느끼며 자리에 누워 숨을 돌리고 있자니 도란도란 계곡물 흐르는 소리와 나뭇가지 사이를 분주하게 들락거리는 바람 소리가 들려왔다.

낮 동안 먹은 것이 부실했는지 금세 허기가 들어 텐트 밖으로 나왔다. 모닥불을 피우고 고기 굽는 냄새를 맡으며 별들이 수놓인 하늘을 바라보니 원시시대의 한 사람이 된 듯한 기분이 들었다. 어릴 적 동네 친구들과 모닥불을 피워 놓고 밤새도록 노래하며 춤추고 놀았던 추억이 되살아났다. 이게 나의 본디 생활양식이란 생각이 들었다. 모닥불을 피운 끝없는 밤들이 마치 세대를 두고 면면히 이어져 온 듯. 나의 기억 속에서 줄지어 뻗쳐 있는 것 같았다.

등걸불로 요리한 음식을 먹고 다시 침낭 속으로 파고들어 누워 있자니 복잡한 세상사에서 해방된 듯한 느낌과 함께 단순함이야말로 인간의 본성이 아닐지 하는 생각이 들었다. 덴마크 사람들이 즐기는 휘게 라이프는 단순하게 살기라고 한다. 나 역시 그 말에 십분 동의한다. 생의 필수품이라곤 몸을 덮을 것과 약간의 음식, 적어도 밤 동안에는 그 밖의 모든 것을 잊을 수 있다. 조물주는 본래 인간 생활을 간단하게 마련해 주었다. 그걸 복잡하게 만든 것은 인간이다.

야영지의 땅바닥은 평평해서 매트리스 같은 건 필요 없었고 깔고 누운 풀이 위로 찌르는 감촉은 거치적거리기는커녕 유쾌하게 느껴졌다. 나는 눕자마자 금방 잠이 들었다. 후드득 지나가는 소나기 소리에 한 번 잠이 깼을 뿐이다. 골짜기가 깊기 때문에 새벽이 늦게 찾아들었다. 텐트 자락을 밀어젖히니 저 아래 마을 쪽에 안개가 깔려 있었다.

맨손체조로 몸을 푼 다음 오솔길을 따라 골짜기를 올라갔다. 숲 곳곳에서 산새가 재잘거려 아름다운 화음을 들려주었다. 코끝으로 짙은 나무 향기를 맡으면 청량감이 느껴졌다. 샘물이 퐁퐁 솟아나는 곳에 이르렀다. 물이 어찌나 맑은지 헤엄치는 잔챙이 물고기들까지 선명하다. 길옆의 바위 턱에 앉으니, 바위의 거칠고 딱딱한 냉기가 몸에 부딪혀 왔다. 심호흡하자, 주위의 공기와 융합되는 기분이 들었다. 공기도 생명이 맥박치는 몸의 일부라는 걸 느낄 수 있었다.

선경후정先景後情이랄까. 정신을 가다듬고 눈앞의 산을 바라보니 어느새, 나는 산의 실체 속으로 진입하고 산의 실체가 내 속으로 들어오는 느낌이 들었다. 시인이 자연과 교감하며 물아일체의 경지에 이르듯 잠시 묘한 기분에 휩싸여 있다가 골짜기 아래 천막으로 내려왔다.

어느새 먼동이 훤히 터 왔다. 마치 감옥에 갇혀 있다가 홀연 석방된 듯 문명의 굴레에서 뛰쳐나오는 기분이 들었다. 밤이 낮으로 옮아가는 걸 바라볼 때 더욱 그런 기분이 든다는 걸 예전에는 왜 별로 느껴보지 못했던가. 곰곰이 생각해 보니 빛은 시각을 통해서만 오는 게 아니라 감각을 통해 오며, 정신은 두뇌에만 있는 게 아니고 눈, 귀, 코, 혀, 피부 같은 오관과 매우 밀접히 관계되어 있다는 걸 알 수 있을 것 같다. 그렇다. 느낌이 없이 사물을 볼 때 우리는 반은 장님인 셈이다. 지각을 가져오는 내부의 빛이 없는 거니까. 무얼 지각하려면 모든 기관의 상호작용이 필요하며 우리의 온 존재를 눈으로 삼을 필요가 있다. 감각의 눈뜸을 통해 인생은 껍데기에서 벗어나 정신의 영역을 확장할 수 있다.

모처럼 천막 속에서 야생의 하룻밤을 보냈다. 불을 피우고 간소하게 음식을 먹으며 안락한 풀밭에서 새소리, 물소리와 함께 별을 보는 것과 같은 소소한 순간들은 일상에서는 느낄 수 없는 즐거움이었다. 숲속 산책을 하면서 위대한 자연과 깊은 연결 의식과 생각의 지평을 열어 보았다.

이튿날 나는 엘리베이터라고 하는 문명의 이기가 도입된 아파트 생활로 돌아왔다. 실제로 그 밖의 방도가 없었다. 새소리와 물소리, 바람 소리가 합창하는 숲속에서 간소한 생활 방식으로 살고 싶은 마음이 일어나기도 했으나 이미 기계 문명에 의지하여 살 수밖에 없는 나로선 다시 예전 생활양식을 지향해야 했다. 어쩔 수 없이 문명의 옷을 입고 있긴 하지만 그러기 위해서 더러는 그것에 저항해야 한다. 어머니와 고향이 그립듯이, 자연은 시작의 시작이니 문명이 뭉개놓은 생각들을 복원해 주는 근원이다. 회색의 인공돌집에서 사는 익명의 도시인들, 자동차가 발을 대신해 주는 편리한 현대인들, 자연에서 멀어져 늘 동동대며 그리움을 안고 사는 이웃들, 자연은 이 모두를 품 벌려 기다린다. 아웃은 바깥이 아니다. 바로 내면에 있다. 자연을 향한 그리움이 아웃 체험의 시작이니까.

제2부

무지개

무지개

깜빡 낮잠을 자는 동안, 소나기는 산 너머로 넘어가고 맑은 얼굴로 하늘이 부르길래 '오, 어서 오시오.' 하며 창밖을 내다보니, 먼 산 아래에 무지개가 섰다. 신비로운 색감이 조화롭게 어우러져 환상적인 분위기를 자아낸다. 금방 상상의 나래가 펼쳐진다. 무지개가 서 있는 산 아래에서 견우와 직녀가 채색 비단 차일을 쳐 놓고 그 아래서 혼인 잔치를 열고 있는 것 같다. 들리지는 않아도 일곱 무지갯빛이 햇빛에 산란하는 소리는 이들 혼인 잔치의 축하곡이리라.

이 아름다운 장면을 바라보며 저 산 아래 사람들이 무지개를 보고 있을까 궁금해진다. 비 그칠 때를 알고 담쟁이 잎사귀로 곰작곰작 기어 올라온 달팽이들이나 풀잎 뒤에서 비를 피하던 나비들도 무지개를 바라보고 있을까? 개울가의 냉이, 여뀌, 둑새풀 등 다양한 생명체들이 무지개를 바라보고 있는 모습을 상상해 본다. 작은 생명체인 이들도 무지개의 아름다움에 어떤 감회를 느끼고 있을지 궁금해진다.

이런 원시적인 환상의 무지개는 젊음이 사라지고 머리에는 하얀 서리가 내려도 변하지 않고 내 마음속에 여전히 깃들어 있는 것 같다. 지금도 눈을 감으면 망막 속에 비치는 꽃무지개 같은 색채를 띤 생각들이 머릿속에 계속하여 출몰한다.

무지갯빛 날개를 가진 잠자리를 쫓아다니며 고샅길을 싸다니던 시절이 생각난다. 세월의 강이 흘러간 지 꽤 오래건만 아직도 연분홍 치마에 색동저고리를 입은 순이의 어릴 적 얼굴이 눈앞에 아른거린다. 그 애가 발을 옮겨 놓을 때마다 걸음걸음에 마치 무지갯빛이 출렁거리듯이 치마폭이 너풀거렸다.

지난날들을 가만히 돌이켜 보면 꿈꿀 수 있어서 좋았다. 어릴 적 여름밤이면 산너머에 있으리라는 무지개를 찾아가는 꿈을 꾸기도 했다. 무지개를 따라가면 요정이나 보물을 만날 수 있을 거라고 믿었다. 철들어 가기 시작한 총각 시절엔 연분홍 치마를 살포시 걷어 올리고 무지개다리를 건너는 새아씨의 모습을 떠올리기도 했다.

언젠가 해 질 무렵 강에 비낀 무지개를 본 일이 있는데 그렇게도 곱고 조밀하게 결합하였던 빛이 일곱 가지 색으로 찬란하게 흐트러져 입을 쫘악 벌린 채 다물지를 못했다. 이런 특별한 경험이 있었기에 아직도 무지개에 대한 희망과 상상의 나래가 펼칠 수 있는지 모른다.

한데, 오랜만에 설레는 가슴으로 무지개를 보면서 꿈꾸던 시절을 회상하고 있는데 무지개는 채 오 분을 버티지 못하고 이내 사라져 버린다. 허둥지둥 마당으로 나와 무지개 서린 하늘로 달려가던 시절이 사라져 버리는 것 같아서 아쉽고 서럽다.

무지개가 사라진 뒤 방 안에 혼자 앉아 이런저런 생각에 다시 보니 해는 저녁노을 품으로 서서히 잠겨가고 있다. 무지개 세상을 꿈꿨던 소년은 무지개 바큇살 타고 혈기 방장한 청년의 협곡을 지나 중후한 맛이 나는 중년의 물살을 넘어 인생의 맛이 나는 노년으로 접어들었다. 때로는 광야에서 혹은 협곡과 언덕을 넘어 이제는 평지에 서 있다. 이 긴 여정은 필시 무지개가 다리를 놔준 덕이라고 생각된다. 큰 슬픔 없이 걸어온 세월의 강에는 무지개가 걸려 있었던 것은 아닐까? 문득 '너희 젊은이들은 환상을 보고 너희의 늙은이들은 꿈을 꾸리라'는 성경 구절이 떠오른다. 꿈꾸며 사는 게 인생인 듯싶다. 비록 헛꿈일지라도 꿈은 아름다운 것 같다. 무지개와 같은 아름다움을 펼칠 수 있는 존재가 되기를 소망해 본다.

    깜빡 낮잠 든 사이
    소나기 그쳤다
    멀리 산 아래 무지개가 떴다

    견우와 직녀가
    채색 비단 차일 아래

혼인 잔치한다
세상이 수런거린다

산 아래 사람들
일손 놓고 웅긋중긋 고개를 내밀며
담쟁이 잎사귀에 기어오른 달팽이도
풀잎 뒤 비 피하던 나비도
구경 나섰다.
저 장엄한 무지개! 정말 구경거리다.

어릴 적 헛꿈 꾸던 사이
무지개 간 곳 없다
소나기 그치고 뜬 무지개
헛생각에 간 곳 없다

혹시 아직 꿈?

가을이 왔네요

    가을은 물결처럼 다가온다. 그래서 가을은 눈과 귀 그리고 피부의 계절. 가을은 정말이지 감각을 한 움큼 가지고 왔다. 가을을 기억하지 못하면 글이고 예술이고 창조는 없다. 감각이 동원되지 않는 창조가 어찌 있을 수 있겠는가? 가을은 여름의 더위와 비바람을 색색의 손으로 환송하고 서서히, 무게를 더해가며 우리 곁에 내려앉는다.
    이른 아침 창문을 열면, 그 언젠가는 놓아버린 그림자들이 돌아온 듯한 바람이 내 얼굴에 부딪힌다. 마치 가을의 인사 같다. 동네 골목길은 언제나 그렇게 아름답게 펼쳐져 있으며, 잔디 위엔 새벽이슬이 은은하게 빛나고 있다. 이 모두 가을이 온다는 소식을 알려주는 전령사다.
    지난여름은 정말 무섭게 더웠다. 에어컨을 최대로 돌려도 절대

죽지 않았던 그 무더위는 아직도 기억 속에 남아 있다. 폭염과 함께 사라져 버린 매미 소리가 귓가에 여운을 남기고 있다. 정수리에 퍼부어 내리던 불볕도 잊히지 않는다. 그런 날들이 어떻게 지나갔는지, 짧은 여름밤의 이야기가 여전히 내 마음을 휘감고 있다.

그런데 지금은 다르다. 가을이 아름다운 소리로 찾아왔다. 뒤뜰의 귀뚜리 소리가 바람에 흔들리고, 이름 모를 풀벌레의 소리가 밤하늘을 가득 메우고 있다. 아마 이들은 가을을 맞이하기 위해 진즉부터 사랑의 세레나데를 연습하고 있었는지 모른다.

여름을 따돌리고 가을이 오긴 왔는가, 벌써 노을이 뿔그스레하다. 하늘에 그려진 예쁜 그림 같다. 주홍빛으로 물든 뒤, 천천히 어둡게 변하며 밤으로 변신한다. 어둠이 짙어지면, 가슴 한구석에 깔리는 고요한 감정이 더 깊게 가라앉는다. 그 순간, 별들이 하늘을 가득 채우며 우리의 눈을 사로잡는다. 그 별빛 찬란한 하늘을 보며 밤을 지새워도 정신은 오히려 더 초롱초롱 맑아질 것 같다.

이제는 설렁대는 가을바람과 사운 대며 떨어지는 낙엽 소리를 들으며 한 권의 책을 읽으면서 가을의 감성에 빠져들고 싶다. 아름다운 음악 소리가 들려오는 카페에서 차 한 잔을 마주하며, 좋은 사람과 정어린 이야기를 나누면 마음이 포근해질 것 같다. 다정한 눈길과 부드럽고 미소로 서로를 바라보며, 정이 담뿍담뿍 담긴 선물처럼 따뜻한 마음을 나누면 얼마나 행복할까. 스스럼없는 친구와 열무김치와 된장찌개를 함께 먹어도 마음이 흐뭇해질 것 같다.

가을은 제2의 봄이라는 말이 있다. 산야를 울긋불긋 장식하는 단풍을 꽃으로 연상해서 이런 말이 나온 것 같다. 그러하더라도 꽃이나 단풍이나 마음을 설레게 하기에 봄을 연상한 게 아닌가 싶다. 나 역시 동의한다. 가을은 두 번째 봄이다. 삶의 모든 순간을 감사하며, 단풍꽃들이 주는 설렘 그리고 오곡의 풍요를 가까운 이들과 함께 누리며 이 봄 같은 가을, 행복하고 평화로운 시간을 보내길 기원한다.

여름밤 이야기가
엊그제 같은데 벌써 가을이네요
푸르던 어깨 위엔
찬 이슬 내려앉고요

매미 소리 사라진 귓가에
귀뚜리 톱질소리 자지러지네요
애연한 풀벌레 소리 애간장 끊네요

저녁노을 유난히 붉은 하늘의
별을 헤아려보려네요
괜스레 휑한 가슴에 한가득
뭇별을 채워 넣겠네요

눈빛만으로 설레는 사람과
늦도록 마주 앉으려네요

노을빛 와인잔에 뛰어내리는 별빛이 마냥
쓸쓸하진 않겠지요

나 혼자 두고

　고향의 들머리에 몇백 년 묵은 느티나무 한 그루가 서 있다. 그 옆에는 작은 냇물이 흐르고 있다. 여름이면 동네 사람들은 어른이나 아이 할 것 없이 느티나무 밑에 모였다. 나무 밑 모정은 어르신들의 쉼터다. 마루 위에는 누워 낮잠을 즐기는 사람, 장기를 두는 사람, 환담을 즐기는 사람도 있다. 고만고만한 아이들은 나무 위로 올라가 매미도 잡고 큰 가지 위를 걸어 다니기도 하고 가지 끝을 붙잡고 매달리다가 뛰어내리기도 하며 신나게 논다. 느티나무는 놀이터이자 쉼터다. 그런가 하면 무탈한 삶을 소원하기도 하고 잘못된 자신의 삶을 빌면서 속죄하는 장소이기도 하다. 한마디로 느티나무는 요샛말로 하면 멀티플렉스다. 그러나 지금은 그 느티나무가 마음속에서만 크고 있다. 바로 수십 년 전의 고향 마을 풍경으로 말이다.

해마다 정초엔 느티나무 아래서 마을 어른들이 풍물을 치면서 신명 난 놀이판을 벌였고 구경꾼들은 덩달아 흥겨워했다. 정월 보름날에는 모든 주민이 어우러져 줄다리기하고 그 줄을 나무 밑동에 감아 놓기도 했다. 단오가 가까워지면 동네 어른들이 나무에 밧줄을 걸어 그네를 매어 주었고 그러면 동네 처자들은 치마를 펄럭이며 그네를 탔다. 어린 나도 그네를 뛰며 즐겁게 놀았다.

이 느티나무는 마을과 함께하며 수백 년 동안 갖은 풍상을 겪어 나온 고목이다. 비, 바람, 천둥, 번개, 별들의 기척과 함박눈 내리는 밤의 등잔 불빛, 상여 나가는 소리며, 정화수 받쳐 들고 집안의 대소사를 빌던 새벽 여인네 마음마저 껴안고 다독여 주었으리라. 동네 아이들이 살냄새, 땀 냄새 묻히며 제 몸에 올라가고 매달리고 부딪치고 발길질해도 말없이 온몸으로 받아 주었다.

그뿐 아니라 느티나무는 나의 아버지와 할아버지, 윗대 선조들에게 여름이면 시원한 그늘을 만들어 쉬도록 따뜻한 품을 내어 주었다. 철 따라 화려한 색깔의 옷을 갈아입으며 주변에서 여가를 즐기고 있는 이들에게 위로와 기쁨을 주었다.

그토록 넉넉하고 포근하게 우리를 품어주고 편안한 쉼터를 제공해 주던 느티나무가 지금은 옛 모습이 아니다. 여름이 되어도 나무 그늘에서 낮잠을 즐기고 땀을 식히는 이도, 나무 위에서 매미를 잡는 아이도 구경할 수가 없다. 나무도 사랑받지 못하고 함께 놀아 줄 이 없으니 쉬 늙는가 보다. 나무의 밑동은 구새먹어서 텅 비고, 가지는 삭정이가 되어 부러진 것이 많다. 홀로 외롭고 쓸쓸한 노후를 보내고 있다고 생각하니 서글프다. 흔히 늙은 사람을 고목이라고 하는 이유를 알 것만 같다. 무시로 찾아오던 새들의 방문도 뜸하고, 꽃도 어지간해서는 피지 않는 늙은 나무. 거기에 우리네 생이 찍혀 있다. 판화 보듯이 그걸 보면서 자신을 되비추어본다. 이런 점에서 느티나무는 늙지 않았다. 단지 변신해서 새로운 메시지를 주기 때문이다. 그렇구나! 늙음은 저 느티처럼 변신일 뿐이구나. 그렇다면 변신한 현재에서 주변에게 줄 수 있는 메시지는 뭔가? 한참 느티를 들여다보는데, 놀랍게도 이마가 뜨거워졌다. 느티 앞에서 나의 옹졸함과 좁은 국량이 보였기 때문이다.

시끌벅적하던 마을은 인기척이 들리질 않는다. 고요가 흐르고 허전함이 느껴진다. 늙고 병들어 상처투성이가 된 느티나무 아래에 앉았다. 나무처럼 늙어버린 내 모습은 예전의 내가 아니었다. 어느덧 내 얼굴에도 검버섯이 하나둘씩 피기 시작하고 머리카락이 군데군데 빠져 엉성해졌다. 팔십을 바라보는 나이가 되었다. 그 긴 세월을 살아오면서 아직도 이웃 사랑을 제대로 실천하지 못하고 있다고 생각하니 내 모습이 부끄럽다.

느티나무가 조석으로 느꼈을 하늘과 구름, 꽃향기, 새소리, 그리고 소나기, 산 너머로 사라지는 까치놀을 떠올려 본다. 터질락말락 꽃망울 같은 그 시절. 그 시절을 함께한 그 사람들은 어디서 무슨 색을 꽃을 튀웠을까? 이제 그림자만 남은 이곳에서 나 혼자 옛일을 추억하고 있다.

고향 들머리 둥구나무
그래 잘 왔다 찾아오느라 애썼다,
한마디 말 없다

아편쟁이 죽어 상여 나가는 소리도
노름쟁이 야반도주 발걸음 소리도
눈감아주던 꾸욱 다문 입

가지마다 기어오르던 시절
어른들은 풍물을 쳤고
누님들은 보일락말락 치마를 펄럭이며
먼 세상을 넘봤다
바람이 깃들어 살았다 바람 따라
형들도 어디론가 떠나갔다

그 빈자리에 우리는 깜박깜박
반딧불이보다 먼저 모여들곤 했다

한여름 소나기처럼 쏟아붓던
매미 소리 간 곳 없고
집채보다 큰 그늘은 추억으로만 남아 있다

삶의 모자이크는 눈 깜작할 사이에 사라지고
입 다 진 둥그나무 발목이 퉁퉁 부어있다

그 아래 빈 그림자만 둥그렇게 웅크리고 있다
훈몽 같은 그 시절 그 사람들 죄다 어디로 갔을까?
나 혼자 여기 두고

뻐꾸기 소리

뻐꾹뻐꾹 우는 소리에 소르르 들었던 잠 깨어 일어나 보니 앞산에서 뻐꾸기 울음소리가 구슬프다. 뻐꾸기 세상에도 애달픔이 있나 보다. 해마다 듣는 소리지만 오늘따라 왜 그리도 구슬피 울어대는지. 그놈의 울음소리는 묘한 애조를 띠고 있다. 홀로 된 여인의 흐느낌처럼 애절하다. 가난하고 서럽던 시절을 정선아리랑으로 뽑아내는 것 같기도 하다.

하지만 이 역시 착각이고 인간중심의 독선이다. 새들의 지저귐을 어찌 '운다'고 표현할까? 그걸 듣는 사람이 슬퍼서 그렇다. 고급 언어로 이를 투사라고 한다지? 자기의 심정을 대상에 옮긴 것이다. 그러니 세상은 모두 나만 있다. 나의 슬픔과 기쁨에 따라 대상도 그렇게 되니, 어찌 세상 모든 게 나와 발맞추지 않겠는가? 뻐꾸기 소리에서 애달픔이나 애상감을 느끼는 건 그 소리를 듣는 사람의 처지가 그런 감정에 있기 때문이다.

그러나 다른 생각도 뻐꾸기 소리에 추가한다. 그전 문헌을 보면 뻐꾸기를 한자어로 곡구롱谷口哢이라고 쓴다. 말 그대로 계곡에서 입으로 희롱한다는 뜻이다. 그러고 보면, 같은 뻐꾸기 소리라도 해석이 영 다르다. 하기야 해석은 해석자의 해석이라고 했으니, 난들 뭐라고 판단할 일은 아니다. 하지만 애조를 띤 울음이냐, 입으로 희롱하는 소리냐에 따라 같은 소리도 전혀 다른 느낌을 준다.

한편, 뻐꾸기를 또 다른 한자어로 포곡조布穀鳥라는 말도 있는데, 뻐꾸기 소리를 듣고 농부들은 게으름을 털고 들녘에 곡식을 심으라는 신호로 여겨 씨를 뿌렸다는 것이다. 같은 새소리인데도 해석이 참 가지가지다. 나는 이참에 뻐꾸기 소리를 다시 생각해 본다.

뻐꾸기는 무슨 사연이 그리 많은지. 끊이지 않고 울어 댄다. 내 생각으로는 마치 신세타령이나 팔자타령을 늘어놓는 것 같다. 처량한 가락을 띠었다. "잠시 잠깐 임 그리워 나는 못 살겠네" 아우라지 강변 처녀, 총각의 사랑 타령을 듣는 것처럼 애달프다. 어느 봄날, 꽃을 꺾어 머리에 꽂아 주면서 어설프게 한 사랑의 약속을 금석맹약처럼 생각하여 평생을 가슴앓이했다는 이웃집 순이 이야기가 소리의 뒷면에서 화면처럼 떠오른다.

듣는 이에 따라 다르겠지만 뻐꾸기 소리는 화창하면 화창한 대로 궂으면 궂은 대로 처량하기 그지없다. 오뉴월이 가고 여름으로 접어들면서부터는 성화같이 울지는 않으나, 가끔씩 먼 데서 우는 소리가 더 심금을 울린다. 저만치 산자락에서 우는 뻐꾸기 울음소리는 어린 시절에 대한 향수를 불러일으킨다. 봄날 양지 곁에서 까끔살이 놀이를 하던 시절이 생각난다.

뻐꾸기만큼 문학적인 새도 없다. 짝이 그리워 피를 토하면서 운다는 새다. '미당'은 시 '귀촉도'에서 자기 피에 취해 '귀촉도 귀촉도' 운다고 하였다. 임을 찾아 촉나라로 돌아가는 길이 그렇게도 멀었는가 싶다.

뻐꾸기가 '뻐꾹~뻐꾹~뻐꾹~'이란 단조로운 노래만 하는 건 아니다. 수컷은 '뻐뻐꾹~'이란 변주도 하고, 잘 알려지지는 않지만, 암컷도 크고 독특한 소리로 '뽀뽀뽀뽀뽀뽀뽁~'하고 노래한다.

그렇다면 수컷이 힘차게 내는 2음절의 '뻐꾹~'과 3음절의 '뻐뻐꾹~'은 무슨 차이일까. 흔히 듣는 '뻐꾹~'은 수컷 뻐꾸기가 자신의 영역을 알리고 암컷을 유혹하기 위한 노래로 알려져 있다. '뻐뻐꾹~'은 자주 들을 수는 없지만, '뻐꾹'보다 한 음절이 늘어난 데다 약간 높은 음이어서 다급한 느낌을 준다. '뻐꾹~'이라고 하려다 발성 실패로 생겨나는 소리라는 시각이 우세하다. 그러나 최근 '뻐뻐꾹~'은 비정상적 소리가 아니라 암컷이 주변에 있을 때 내는 소리라는 주장도 나오고 있다. 쉽게 말하면 '너 일루 와' 유혹하는 소리다.

뻐꾸기가 가끔씩 탁란을 맡긴 다른 새 둥지가 보이는 곳에 날아와 운다. 이유는 단 하나, 새끼 뻐꾸기에게 부모의 존재를 알리기 위해서다. 애먼 둥지에 탁란하고 못 만나는 슬픔이야 여북하랴마는…. 어찌 살아갈꼬 한탄할 수밖에 없으리라.

"뻐꾸기 우는 소리 들으면 애상받쳐야." 궁시렁대는 엄마 소리에, 뻐꾸기 울고 스무날만 지나면 풋보리를 먹을 수 있다며 연신 먼 산 보며 곰방대 피워 물던 아버지. 보릿고개 시절 울던 뻐꾸기가 보고 싶다.

뻐꾹 뻐꾹 소리에
소르르 잠 깬다
초목이 초록을 털고
바람은 수런거리며 봄을 나른다

무슨 사연 그리 많아설까
쉬지 않고 울어 댄다
"잠시 잠깐 임 그리워
나는 못 살겠네"
아오라지 강변의 사랑 타령 같다

작년 봄에 헤어진 후
못 보는 슬픔 여북하랴, 애가 타
부르는 소리

뻐꾹 뻐꾹, 애닲다
하 먼 날 글썽이며 매달리던 그녀도
뻐꾸기처럼 울었었다

따라 붉다

저녁노을이 붉다. 하늘에 그려진 예쁜 그림처럼 보인다. 한없는 그리움을 천상의 화공이 채색해 놓은 듯이 서녘 하늘이 황홀하다. 노을의 빛, 그것은 삶의 밑그림을 그리는 색조다. 아침노을은 시작의 기쁨, 저녁노을은 이별의 손짓이다. 꽃송이처럼 곱디고운 생각이 층층이 솟아오르고 포근한 언어로 다가와 가슴 속에 쌓인다. 그 생각들은 여름 내내 입속에서 웅얼거리던 전설 같은 속내다. 가슴 속에 넣어둔 이야기들, 차마 말하지 못한 감정들도 서녘으로 서녘으로만 기운다.

하늘 가에 구름이 부푼다. 다시 피어오르는 구름밭 쪽빛 하늘에 인다. 어디서 저렇게 꽃망울은 마디마디 피어나 꽃무리 고운 행렬 이루고 끝도 없이 이어진다. 타는 노을 강 하늘 가장자리에 솜털처럼 부푼 구름이 서역 삼만리로 흐른다. 하루해가 붉게 간다. 그 빛

받은 내 얼굴이 홍도 꽃이 된다. 뭉실뭉실한 생각들도 노을빛 하늘에 따라 붉게 물들 것만 같다.

얼마 전 변산반도에서 본 노을은 황홀했다. 내소사에서 본 노을은 동화적 상상을 불러일으켰다. 모란꽃보다 더 붉게 상기된 여인의 화사한 미소 같았다. 그리움이 마치 노을빛 하늘에 붉게 물들어 있는 것 같았다.

노을은 또한 변화의 상징이다. 하루가 끝나고 새로운 하루가 시작되기 전의 고요함과 평온함을 느낄 수 있다. 노을이 지고 나면, 별이 하늘을 수놓기 시작하고, 달이 우리에게 밝은 빛을 선사한다. 이는 새로운 시작을 알리는 신호이며, 우리에게 희망을 준다. 노을은 우리에게 많은 것을 가르쳐준다. 그것은 인생의 끝이 아니라 새로운 시작을 알리는 것, 변화를 받아들이는 것, 그리고 감동의 순간을 소중히 하는 것이다.

노을을 보는 것은 마치 시간 여행을 하는 것 같다. 과거의 추억을 떠올리게 하고, 현재의 순간을 소중하게 만들며, 미래에 대한 기대감을 불어넣는다. 노을은 우리의 생각을 자극하고, 감정을 자극하며, 우리의 상상력을 흔들어 깨운다. 노을을 보면, 마치 시간이 멈춘 듯한 느낌을 받는다. 붉은빛이 하늘을 가득 채우고, 그 빛이 점점 어둠 속으로 사라져갈 때, 그 순간은 마치 영원히 기억될 듯한 순간이다.

노을을 보는 것은 우리의 삶을 더욱 풍요롭게 만드는 경험이다. 노을은 갈급한 영혼에 자양분이 되는 걸까. 노을을 보는 날이면 생그레 미소가 번진다. 사는 동안 노을을 볼 것이고 노을을 보는 동안은 내 마음도 노을처럼 순후해지리라.

노을이 진다. 서편 하늘에 노을이 진다. 붉디붉은 노을이 점차 옅어지더니 산 너머로 가뭇없이 사라진다. 하루의 결이 삭아 점점이 소실점으로 가는 노을, 어쩌면 내 노년의 행로가 저와 같을까. 그 수많은 은유를 간직하고 하나의 빛깔로 사그라져 가는 노을, 내 삶도 그랬으면 좋겠다. 누군가의 마음에 은은히 번질 수 있는 노을빛 삶이었으면 좋겠다.

  하늘 가에 구름 부푼다

  꽃송이 같은 생각
  뭉실뭉실 솟아오른다
  여름 내내 입속에 웅얼거리던

  전설 같은
  어제의 내 속내
  생의 한바퀴를 넘고 돌아
  마른 햇살을 잡고
  미열의 아득함으로 피어오르는
  무한의 그리움

노을빛 하늘에 붉다

가슴에 넣고 차마 말하지 못한 나도
따라 붉다

등잔불

 이런저런 생각으로 뒤척거리다 눈을 뜨니 사방이 고요해 먹물 같은 밤이다. 일어나 앉아 가만히 어둠이 되어 있자니 불현듯 가난한 박꽃 닮은 등잔불이 눈앞에 일렁인다. 석유 등잔불 시절로 시간 여행을 떠나 본다.
 요즘 신세대들은 등잔불을 잘 모를 것이다. 지금부터 60여 년 전까지만 해도 농어촌 마을에는 전기가 들어오지 않아 밤이면 등잔불을 켜야 했다. 등잔불이란, 등잔에 켠 불이란 뜻이고 등잔은 불을 켜기 위한 잔 모양으로 된 사기 제품의 작은 그릇이다. 그런데 이 등잔이 불꽃 모습이다. 자식은 부모를 닮는다고 했다. 등잔은 제 몸으로 키운 등잔불을 빼다 박았다. 그러니까 등잔불은 등잔의 외탁인 셈이다. 어쨌든, 지금처럼 전기가 없던 시절 밤에 실내를 밝혀 주었던 유일한 등화 기구였다.

지금은 민속 박물관에나 가 볼 수 있는 귀하신 퇴물이 되었다. 등잔불의 연료는 석유나 동식물에서 추출한 기름을 사용했으며 이 연료를 등잔에 붓고 거기에 면사나 솜을 가늘게 말아서 심지를 만들어 담그고 한쪽 끝만 등잔머리로 드러내 불을 붙게 한 것이다.

그나마 석유나 기름이 넉넉지 못해서 아끼느라 심지를 돋우어 불을 크게 키우지도 못했고 몇 시간 켜지도 못했다. 심지어는 밤늦도록 등잔불 밑에서 공부라도 하다 보면, "불 끄고 자거라, 석유 닳는다."라고 어른들이 한 말씀 하시곤 하셨다.

그 시절 초저녁에 등불을 켜는 일은 내 몫이었다. 아버지는 등잔불을 마주하고 새끼 꼬아 망태기를 엮으셨다. 어머니는 밤이 이슥하도록 호롱불을 밝히고 일감을 손에서 놓지 않으셨다. 그 불빛 아래서 우리 열 남매의 해진 옷가지를 수선하시느라 밤잠을 못 주무실 때가 많았다. 나와 동생들은 그 옆에서 어머니가 들려주시던 옛이야기를 듣다가 금세 잠에 들기도 했다. 어머니가 등잔불 밑에서 내 구멍 난 양말과 해진 바지를 기워 주시던 모습이 지금도 눈에 선하다.

등잔불이 마냥 좋지만은 않았다. 침침하기 이를 데 없어 그 밑에선 책을 읽기에도 힘들었다. 불빛이 어스름하다고 심지를 돋우는 밤에는 어김없이 콧구멍이 까맣게 되곤 했다. 그 옆에서 숙제하다 보면, 콧구멍은 굴뚝처럼 되기도 했다. 때로는 등잔대 옆에서 꾸벅 꾸벅 졸다가 눈썹과 앞 머리카락을 그슬리기 일쑤였다. 어느 날 밤엔 석유 등잔불을 켜 놓고 숙제하다가 그만 졸음에 겨워 깜박 잠든 사이에 이불에 불이 번질 뻔했던 적도 있다.

  세상의 모든 이 잠들고 홀로 깨어 있는 밤. 생각을 멈추고 잠시나마 등잔불을 물끄러미 바라보고 있으면 마음이 그윽해질 것 같다. 일에 쫓겨 분망한 마음을 그 불빛이 어머니 손길같이 어루만져 주지 않을까. 언젠가 기회가 된다면 고향 집 온돌방에서 정겨운 화등잔 켜놓고 손주들을 불러 모으고 호랑이가 담배를 피우던 시절의 이야기를 들려주고 싶다. 그러면 손주들의 가슴이 등잔불처럼 아늑하게 밝아지겠지. 그렇게 가족이 모여서 도란도란 이야기를 꽃피우면, 어두운 밤도 따뜻하게 밝아지겠지.

      뒤척이다 눈을 뜬다
      먹물 같은 밤
      일어나 가만 어둠에 잠긴다

      초저녁 등불 켜는 일은 내 몫이었다
      이슥하도록 어머니
      등잔 밑에 바느질감 늘여 놓고
      감치고 누비고, 꽁꽁
      가난을 숨기셨다

      아버지는 긴 밤을 꼬아

꼴망태를 엮으셨던가,
등잔 머리 엎드려 숙제라도 할라치면
콧구멍은 이미 굴뚝이었다

고향 집 방방 밝혀 놓고
손주들 불러 모아야겠다
호랑이 담배 먹던 시절이나 들려주면
밭은 가슴을 호롱불이
밝힐 것도 같다

이력서

　빠른 세월의 흐름을 아쉬워할 틈도 없이 애꿎은 나이만 먹어 노년에 이르렀다. 열정이 넘치던 청춘의 물살도 고달프게 건너야 했고 남들은 지름길로 수월하게 가는 길을 두름길을 돌고 돌아 중년의 협곡을 넘기도 했다. 때로는 보이지 않는 힘에 밀려 낙심하면서 주저앉기도 했다. 숨이 차게 뛰었는데 놓쳐버린 버스처럼 희망이 비켜 갈 때가 얼마나 많았던가. 그럴 때마다 얼굴을 두 손에 감싸 쥐고 고민하고 때로는 기도했던 시간이 얼굴 곳곳 주름 속에 숨어 있는 듯하다.
　거울을 들여다본다. 얼굴에 주름이 많이 늘었다. 이랑을 지은 주름이 골짜기의 다랑논처럼 구불구불 이마를 넘지 못하고 주춤거린다. 헤아릴 수 없는 많은 표정을 처리했던 얼굴이 눈서리 맞은 겨울나무처럼 처연하다.

얼굴처럼 묘한 것은 없다. 마음의 거울이다. 나는 요새 글 쓰는 일에 빠져 있다. 그야말로 고역이다. 머릿속은 엉클어진 실뭉치같이 갈피를 못 잡고 허우적댈 때가 많다. 고심을 거듭하며 눈살을 찌푸릴 때마다, 미간에 내 천川 자가 깊어지곤 한다.

이마와 눈썹 위 물결 주름은 마치 선캄브리아 시대의 습곡처럼 보인다. 그 주름은 내 고달픈 인생살이 흔적이 아니겠는가. 입가의 낡은 팔자 주름은 그간 힘들여 살아온 증거이며, 스산한 귀밑머리 서리보다 희어, 말 그대로 상빈霜鬢을 이루니 허망하기 그지없다.

저 깊고 긴 주름살은 내 삶의 흔적을 담고 있다. 골마다 마치 콩을 심고 고추를 심듯, 내가 내 삶을 가꾸어 나갔음을 의미하는 것 같다. 그 골에 고인 땀으로 오늘을 거두었다고나 할까. 열정을 갖고 살아온 내 인생의 훈장처럼 보인다. 어찌 보니 갈팡질팡하며 건너온 나의 인생 여정이 상형 문자로 적힌 이력서 같기도 하다.

얼굴은 내가 가진 밑천이고 자본이다. 얼굴 면도를 하고 나니 주름이 부자인 얼굴을 봐줄 만하다. 그나마 안심이 된다. 협곡과 바위 츠렁과 광야를 달려온 내 삶의 흔적이 눈에 선명히 들어온다.

얼굴은 그 사람의 표상이다. 온갖 풍상고초를 겪은 티나 세속에 찌들고 물든 기색은 얼굴에 역력하게 드러나기 마련이다. 얼굴 형상에 따라 성격도 어느 정도 나타난다. 얼굴을 보고 그의 운명, 성격, 수명 따위를 판단할 수 있다고 말하는 관상학자들이 있잖은가.

사람의 얼굴은 과거의 이력서요, 현재의 현황판이자, 오늘을 알리는 게시판이다. 얼굴은 그 사람의 과거, 현재 그리고 미래의 모습을 모두 볼 수 있는 표상이다. 한 사람이 겪은 시련과 역경, 그리고 그의 인생을 읽어내기 위한 길잡이와도 같다. 언젠가는 내 얼굴에 호연지기 넘치는 대장부의 꼴이 잡히는 날이 오겠지. 상상의 나래를 펼치며 거울을 다시 한번 들여다본다.

자글자글
한 사내
낯살이나 훔친
손 볼 곳이 많기도 많다

이마 위엔 선캄브리아 시대의 습곡인가
입가의 무한히 낡은 팔자는 힘없이 늘어지고
귀밑에 내린 된서리는 저 홀로 반사한다

저 깊고 긴 주름살
골짝마다 콩 심고 고추 심고
생을 가꿨으리라
갈팡질팡 건너온 내 인생
상형 문자 이력서다

말끔히 면도하며 알 것 같다
저 골에 고인 땀으로
오늘을 거두었다는 것을

옥정호의 구절초

　가을이 무르익어 가는 날 정읍시 산내면에 있는 옥정호 구절초 테마공원을 찾아갔다. 마침 구절초 축제가 한창 벌어지고 있었다. 눈같이 하얀 꽃 무리가 나지막한 언덕을 뒤덮고 있는 모습이 장관이었다. 아침 8시쯤 주차장에 차를 주차 시키고, 입구 다리로 들어갔다. 언덕을 넘어 좌측 구절초정원으로 올라가려니 소나무 숲 아래가 온통 구절초다.
　추령천이 휘감은 소나무 동산 돌아드니 구절초 만발한 별천지다. 입이 절로 벌어진다. 솔향과 구절초 향기가 은은한 향으로 다가와 가슴 속으로 흘러든다. 예전엔 잘 몰랐다. 구절초 향기가 그리 진할 줄은. 꽃길 따라 걸어가니 동화 속의 그림 같은 전경이 펼쳐진다. 완만한 고갯길에서 만나는 돌무더기와 돌탑도 정겹고 천하대장군, 지하여장군도 환한 미소로 반긴다. 햇살이 소나무 사이를 비집고 들이닥치는 중이다. 그러고 보니 햇빛을 받은 구절초가 더 하얗게 빛이 난다.

한쪽 길로 내려가 보니 솔숲 틈으로 들어오는 햇살에 얼굴 비비며 구절초들 방실거린다. 웃음꽃이 피어나는 어린애들 같다. 안으로 들어갈수록 장관이다. 가우라, 아스타, 청화쑥부쟁이가 연출한 하양, 보라, 분홍 꽃동산이 황홀하다. 동화 세계가 따로 없다.

햇살 돋기를 기다리는 사진작가들이 있다. 어딜 가나 예쁜 꽃 군락지에는 이른 아침부터 멋진 사진 한 장을 위하여 시간과 정성을 쏟는 그들을 자주 만나게 된다. 뭘 찍는 걸까? 나도 같은 장소에서 찍어 보았다. 카메라 수준이 같을 리 없고 기술도 미치지 못하여 과연 그들이 찍은 사진은 무슨 모습일까 궁금하다.

나중에 해가 완전히 뜨고 나서 다시 돌아와 보니 모두 떠나고 없다. 딱 그 시간에 그 장소에서 오래 인내하여 작품을 만들고 그들은 뒤풀이하러 간 걸까. 햇살이 제법 들면서 긴 그림자가 꽃밭에 드리워져 있다. 살랑바람이 이따금 지나갈 뿐 화창한 날씨다. 하늘은 점점 파래진다. 구름 한 점 없는 하늘을 만나기 어려운데 순수 그 자체의 하늘빛을 만났다. 체 햇빛을 보지 못한 꽃에는 이슬이 한가득하다. 보랏빛 아스타도 이슬을 머금었다. 환상적인 모습이다.

구절초 군락지 한 편에 아스타 꽃밭이 꽤 넓다. 흰색과 보라색이 잘 어울린다. 하늘이 예쁘다. 전망대로 올라가 봤다. 빨간색 부스는 향기 부스다. 대품 국화를 부스, 안에 넣어두었는데 향이 진했다. 요즘 어디를 가나 미모를 자랑하는 가우라 밭도 있다. 전에는 보지 못했던 꽃을 군락지를 다니면서 친해진 것이 많다. 사포나리아, 버들마편초, 털부처꽃 등등

꽃 속의 벤치, 구절초 벤치가 눈길을 끈다. 아스타 꽃밭에도 사진작가들이 모여있었다. 산 아래 천변으로 내려가 보았다. 억새밭은 자생이리라. 아직은 부드러운 느낌의 은빛 억새다. 씨앗이 생기게 되면 약간 거친 느낌이 나지만, 이때쯤의 억새는 한없이 부드럽고 따스한 느낌을 주는 것 같아서 좋아한다. 민둥산에서 만났으면 하던 파란 하늘과 부드러운 은빛 억새를 거기서 보아서 반가웠다. 너른 벌판에 백일홍이 끝도 없이 피어있었다. 길가에는 코스모스가 가을바람에 산들산들 흔들리고 있었다. 댑싸리가 같은 종류인지, 청댑싸리와 홍댑싸리를 섞어 심은 것인지, 묘하게 그러데이션 된 색이 환상적이다.

'꽃길만 걷자'라는 말을 많이 한다. 오랜만에 코스모스 꽃길을 만났다. 예전에는 시골에 코스모스 길을 많이 본 것 같은데, 요즘은 잘 보기 힘들다. 척박한 땅인 길가에 코스모스가 예쁘게 피게 하기 위해서는 손이 꽤 많이 가야 해서 그런가 보다. 바쁜 농촌에서 그런 여유가 없어서인지 자꾸만 사라져 가는 모습을 여기서 맘껏 보았다. 코스모스 꽃길을 걷는 내내, 앞날이 '꽃길만 걷게 되기'를 기원

했다.

　산 위는 아스타, 산 아래는 코스모스. 여기도 향기 부스가 있어 들어가 보았다. 아니 들어가기도 전에 코를 찌른다. 공원을 한 바퀴 도는 예쁜 기차도 풍경의 한몫을 하고 있다. 되돌아오는 길, 구절초의 진한 향기가 진동한다. 나만 그렇게 느낀 게 아니었다. 지나가는 사람이 "아까보다 구절초 향이 더 진해진 것 같아. 해가 떠서 그러나 봐."하며 마주 보며 웃는다. 햇빛을 받아서 정말 구절초 향기가 진해진 걸까?

　방문객이 꽤 많아졌다. 폭포가 있는 곳으로 내려왔다. 시원한 물줄기와 구절초를 함께 찍으려면 엎드리는 자세가 필요하다. 구절초 공원이라서 구절 폭포라고 이름을 붙였나 보다. 생태공원으로 가봤다. 지금은 꽃이 안 보이고 여러 가지 사초와 가우라가 색을 더하고 있다. 습지 데크를 돌아가니 주차장이 나왔다. 아침에 보였던 물안개는 흔적 없이 사라지고 맑고 깨끗한 추령천에 반영이 멋있게 비치고 있다. 다른 사람들이 입장할 때 나는 나왔다. 시계를 보니 12시가 안 되었다. 뿌듯한 가슴 간직하고 구절초 공원 뒤로하니 옥정호에 먼 산이 꿈꾸듯 잠겨 있다.

　　　추령천 휘감은
　　　소나무 동산 돌아든다
　　　만발한 구절초

이따금 산들바람만 살랑살랑
하늘도 마냥 깊다

솔숲 틈새로 비치는 햇살에
세상이 환하다
얼굴 비비는 손주놈 같다

삼삼오오 나들이객 하얀 웃음에
구절초 피어난다
동화 속 주인공 따로 없다

산들바람에 아련한 날 묻어온다
노을 깃든 옥정호에
꿈꾸듯 잠겨 본다

제3부

까치밥

명아주를 보며

　시골에 외양은 볼품없으나 터는 제법 넓은 집이 있다. 마당가에는 꽃잔디가 깔려 있고 철 따라 채송화, 봉숭아, 맨드라미가 피어나곤 한다. 집 둘레에는 돌로 쌓은 축대와 담이 야트막이 둘러쳐져 있고 여러 해묵은 감나무와 앵두나무가 자라고 있다. 그 안에 아내는 텃밭을 일구어 파, 고추, 상추 등을 가족들이 먹을 만큼 가꾼다. 나도 틈틈이 동참하여 일을 돕고 있다.
　지난해 봄이었다. 텃밭 일을 거들어 주고 바람도 쐴 겸 시골집에 갔다. 북쪽 집채 뒤로 쌓인 축대 위에서 풀 한 포기가 솟아나고 있는 것이 보였다. 하찮은 풀이었다. 더구나 돌 틈에서 나는 풀. 대단치 않게 생각했다. 울안의 화초와 나무에 비하면 아무것도 아닌 풀이기에 나는 물론 집안의 누구 하나 관심조차 가지지 않았다. 풀 하나 나는가보다 쯤으로 여겼다.

그랬지만 이 풀은 주인이나 식구들의 무관심 속에서 점점 자라가면서 날로 줄기가 굵어지고 가지를 벋고 잎이 무성해졌다. 여름에 접어들어선 자라는 기세가 무척 맹렬해 줄기와 가지가 더욱 굵어지고 벋어나가 마침내는 축대 모서리의 삼분의 이나 덮어버리고 있었다. 바람이 불면 너울너울 춤을 추면서…. 공작이 깃을 확 펼쳐 놓은 것 같다고나 할까.

"아! 저게 무슨 풀이야?"

어느 날 나는 무심코 창밖을 내다보다가 탄성을 지르지 않을 수 없었다. 그 꿋꿋한 대, 무성한 가지들, 싱싱한 잎새들. 그것보다도 한 포기의 풀이 어쩌면 그렇게 가지를 많이 치고 그 가지가 너울너울 우아하게 춤을 출 수 있을까. 더구나 돌 틈에서 나온 풀이 어쩌면 저처럼 생명력이 강할 수 있을까.

"아유 저게 비름나물 아니오?"

나의 탄성에 아내가 옆으로 와 의아한 표정을 짓다가 그제야 돌담의 풀을 보고 역시 탄성이었다.

"가만있자…. 아니지. 명아주. 명아주가 저렇게?"

명아주라면 어렸을 때 시골에서의 기억으로는 봄과 여름에 명아주 순과 어린잎을 데쳐서 나물로 먹는 것으로 남아있을 뿐, 너무도 흔한 풀어서 이렇게 아름답거나 아취가 있는 것으로는 머릿속에 새겨져 있지 않은 터였다. 풀 중에서도 천하고 억센 풀에 지나지 않았다. 그렇게 여길 수밖에 없는 것이, 꽃은 피나 결코 아름다운 것이

못되고, 열매도 대단한 것이 아니기 때문이었다.

그런 명아주가 눈길을 끌고 감동을 주는 것이었다. 그 후 마당의 이름있는 화초 못지않게 축대에 매달린 명아주를 좋아하게 됐다. 명아주는 여름에서 가을에 접어들면서 가지를 더 벋고 더욱 무성해지고 있었다. 커튼을 활짝 제쳐놓으면 창밖으로 명아주 가지가 내 눈길을 끌고 있었다. 바람이 불 때면 면 흔들흔들 춤추는 가지를 감상할 수도 있었다.

"저거 좋지요?"

손님이 오면 유리창 밖의 명아주를 가리켰다.

"저게 무슨 화촙니까?"

"유명한 것입니다."

나는 그저 웃기만 하다가 슬며시 명아주의 매력과 강한 생활력을 얘기했다. 명아주 지팡이를 짚고 다니면 중풍에 걸리지 않는다는 속설과 우리의 조상들은 부모님이 50살이 되면 아들이 명아줏대로 만든 청려장靑藜杖이란 효도 지팡이를 만들어 부모님께 선물하였다는 얘기를 들려주기도 했다.

가을이 무르익어 갔다. 그렇게 무성하고 생활이 강했던 명아주에도 곱게 단풍이 내려앉았다. 핫 핑크로 물든 잎과 열매가 환상적인 매력을 발산했다. 자세히 들여다보니 별 모양의 작은 열매들이 루비색으로 반짝이는데 그 안에 윤이 나는 흑갈색 씨앗이 들어 있었다.

한잎 두잎 낙엽이 지기 시작했다. 가을이 깊어져 감에 따라 줄기와 가지만 거꾸로 매달린 채 잎은 보이지 않게 되었다.

"내년에 또 그 자리에 나 주었으면…."

'봄부터 사랑하리라.' 한창 무성했을 때를 생각하고 아쉬워하던 어느 날이었다.

"어머, 눈이 와요."

방 청소하다가 창밖을 내다보던 아내의 즐거운 목소리였다. 자리에서 일어나 커튼을 열어젖혔다. 눈에 띈 것은 아주 마른 줄기와 가지가 탐스러운 눈을 받아 흰 꽃을 피우고 있는 명아주였다. 그것은 제철에 가지를 펄럭거리던 것에 못지않은 아름다운 광경이었다.

가지꽃을 기다리며

　해마다 여름철이면 시골집에 놀러 갈 때가 잦다. 낡고 헌 집이지만 때때로 손보아 고쳤더니 그런대로 며칠 쉬었다 올 만하다. 울안에는 갖가지 푸성귀가 자라고 있는 채소밭도 있다. 그곳에 가서 아내와 함께 가지, 오이, 고추 같은 야채를 골고루 심고 가꾸며 노닐다 보면 시간이 후딱 지나간다.
　달포 전에는 가지 모종 다섯 개를 밭 한 귀퉁이에 옮겨 심었다. 가지는 별 손길 안 줘도 잘 큰다. 몇 개만 심어도 서리가 내리기 전까지 엔간한 식구는 맘껏 먹고 남을 정도로 끊임없이 열매를 맺는다.
　가지 반찬은 어릴 적부터 많이 먹어 봤다. 밥솥에 몰랑몰랑하게 쪄서 갖은양념과 함께 조물조물 무치거나 기름에 소금을 넣고 이래저래 볶아 먹으면 입맛을 돋운다. 튀기거나 전으로 부쳐 먹어도 별

미다. 또한, 가지는 몸에 좋은 몸에 좋은 여러 성분이 들어 있다. 항산화물질로 알려진 폴리페놀과 안토시아닌을 다량 함유하고 있다고 한다. 말린 가지를 잘게 잘라서 차로 달여 마시면 항염 효과가 있다는 이야기도 있다. 이처럼 맛있고 몸에 좋은 가지도 열매가 열리는 족족 다 따먹을 수는 없고 집집이 심으니 나눠 먹을 데도 없어 흔전만전 열릴 때는 조금 귀찮기도 하다.

　그토록 잘 열리던 가지 열매가 재작년엔 급작스럽게 줄어들어 몇 개밖에 맺히지 않았다. 그해 여름은 가뭄이 크게 들었다. 짧은 장마로 폭염이 긴 기간 지속되기도 했다. 숨이 턱턱 막히는 더위를 피해 방에 틀어박힌 지 십여 일 만에 고향 집 텃밭에 가보았더니 채소들이 온통 새들새들 시들고 있지 않은가.

　바짝 마른 땅에서 채소들이 땡볕과 분투하고 있었다. 늦게 파종한 파는 말라 죽은 것이 많았고 호박과 오이의 덩굴은 시들부들했다. 가지와 토마토의 줄기는 축 늘어져 있었다. 가뭄에 살아 준 것만도 대견해 보였다.

　뜻밖에도 가지와 고추, 오이와 토마토는 열매를 맺고 있었다. 길쭉길쭉 새빨개진 고추는 모조리 따서 볕에 널어놓았고 익은 토마토는 따서 먹었다. 가지와 오이는 온통 봉퉁이 지고 못나 보여 깡그리 따버렸다. 그래야 새로 실하게 열릴 테니까.

　며칠이 지나 풋고추를 따러 갔다. 거의 열리지 않았다. 고추뿐만 아니라 다른 채소도 마찬가지였다. 모든 채소에 꽃이 없는 걸 발견했다. 간신히 생명을 부지하여 이미 맺은 열매는 여무는 시늉이라도 했는데 여러 날 비 한 방울 내리지 않고 불볕더위가 누그러들지 않고 있으니 꽃을 피울 여력이 없었던 모양이다.

찬찬히 들여다보니 가지가 유난히 맥을 못 추고 있었다. 어른 손바닥만 해야 할 이파리가 어린아이 것처럼 작았고 부실했다. 삶의 토대가 모두 무너져 내려 망연자실 넋 놓고 있는 사람처럼 살아도 그만, 안 살아도 그만인 것 같았다. 뙤약볕에 시들어 가면서 밤사이에 내린 이슬로 겨우 목숨만 부지하고 있는 게 다행이라면 다행이지 싶었다.

아무리 무심한 농부일지라도 어찌 그냥 지켜보고만 있겠는가. '물은 생명의 근원'이라는 말이 있지 않은가. 주말 오후마다 시골집 텃밭으로 물을 주러 가는 것이 주요 일과였다. 맨 먼저 꽃이 맺힌 건 메마른 날씨에 강한 고추였다. 무겁고 긴 침묵 끝에 가지에도 생기가 돌았다. 줄기줄기 매달린 푸석한 잎 사이로 새순이 돋기 시작했다. 이윽고 꽃망울들이 맺히더니 잇따라 보라 꽃이 우산처럼 벌어졌다.

자세히 보니 산뜻하고 처연하도록 곱다. 까무잡잡하고 우수에 젖어 있는 듯한 자태가 고혹적이다. 진보라 색이 어느 정도 옅어지면서 붉은빛과 푸른빛을 품고 있는 것 같다. 정열과 절제가 연상된다. 수수하면서도 요염하다. 우아함, 화려함, 풍부함, 고독함까지 느껴진다. 가지꽃의 매력에 푹 빠져들고 말았다.

꽃말을 찾아보니 '진실'이다. 누구인가 참 어울리게 지었다. 보랏빛 줄기에 보랏빛 꽃잎으로 피고 똑같은 빛깔의 열매가 열리니 그 색깔의 일체가, 그 한결같은 진실함이 놀랍다. 이토록 한결같은 색으로 일관하고 있다는 것을 알고 나니 무슨 대단한 사실을 발견이라도 한 듯 가슴이 울렁이는 것을 느꼈다. 그냥 채소라 여겼던 가지가 이때부터 깊은 의미를 띠고 내게 다가왔다. 가지꽃을 기다리며 그렇게 그해 여름을 보냈다.

돌이켜 보면 나를 위로하는 것은 거창한 것들이 아니라 소소한 것일 때가 더 많았던 것 같다. 스스로 의식하지 못했을 뿐 그동안 나의 일상에는 작물이 늘 곁에 있었다. 특히 여린 가지 모종이 메마른 환경을 이겨 내고 꽃을 피우기까지 지켜보면서 만만찮은 세상살이를 견뎌낼 힘을 얻은 것 같다. 올여름에도 고향 집 텃밭에 심어놓은 가지들이 꽃을 아름답게 피우며 내게 생의 의지와 신비를 가르쳐주기를 기다린다.

밴대콩

오곡이 영그는 가을이 왔다. 이 무렵 시장 골목에 가면 채 여물지도 않은 해콩 개비를 좌판에 놓고 파는 시골 할머니들을 만날 수 있다. 그 덕으로 콩을 가꾼 농촌 사람들보다 먼저 해콩을 맛볼 수 있다.

작년 초가을 몇몇 벗들과 함께 저녁을 같이 한 일이 있었다. 술에 약한 나는 안주만 축내고 있는데 해콩찜이 나왔다. 짙푸른 해콩 꼬투리의 싱싱함과 소금기가 옅게 밴 해콩을 보노라니 한 가닥 향수 어린 고향 들녘이 떠올랐다.

십여 리의 시골길, 꾹꾹 눌러 담은 보리밥을 비우고 하교할 때면 도시락의 반찬 종지만이 덜그럭거렸다. 군것질거리가 많지 않던 그 시절, 어른들 몰래 콩밭에 들어가서 콩을 서리해다가 불에 구워 먹던 콩 맛이 생각났다. 그을음과 매캐한 냄새 그리고 깜장으로 입언저리가 색칠된 기억. 파란 생콩이 불을 만나 묘한 맛을 주었던 그 기억.

해콩찜 접시가 비어 갔다. 삼분의 일 정도밖에 남지 않았을 무렵부터 남아 있는 콩꼬투리는 쭈그렁이가 아니면 속이 없는 빈 꼬투리뿐이었다. 꼬투리만 잘강잘강 씹고 있으려니까 마주 앉았던 벗이 "자네 그걸 무엇이라 하는지 아나?" 하고 묻는다. "빈 꼬투리지 뭐야?" 하고 대답하자, "이 사람아 그것도 아직 모르나? 밴대콩일세 밴대콩." 하고 일러준다.

같이 앉아 있던 벗들은 술 마시기에 열중한 나머지 우리 대화에 신경 쓰지 않았지만 내 머릿속엔 '밴대콩'이란 낱말이 맴돌았다. 집으로 돌아오면서도 "밴대콩, 밴대콩…."하며 입안에서 되뇌어 보았다. 밴대가 무엇일까? 밴대의 뜻이 무엇인가? 하고 생각하면서….

그 뒤 몇 날이 지났다. 인터넷 서핑을 하다가 '밴대'라는 말이 기억나 그 말의 의미를 찾아보았다. 현재 쓰이고 있는 말 가운데에도 밴댕이, 밴대코 등 밴대가 들어 있는 말이 있다는 것을 알았다.

밴댕이는 청어과에 딸린 바닷물고기다. 외모가 볼품없고 아무리 커도 성인의 손바닥만 하다. 납작하고 속이 비어 있어서 그런지, 속이 좁고 너그럽지 못한 사람을 가리켜 속담에 '밴댕이 소갈머리', '밴댕이 콧구멍'이라는 말이 있다.

밴데코는 일명 빈대코, 납작코라고도 하는데 콧날이 서지 않고 납작하게 가로로 퍼진 코를 가리키는 말이다. 요즘에 와서는 고도로 발달한 정형수술, 성형수술 덕분으로 여인들의 코에는 밴대코가 거의 없으니 다행이기도 하지만 어쨌든 밴대코란 좀 솟아야 볼만하겠는데 납작 펑퍼짐하여 볼품이 없는 코를 일컫는다.

빈대라는 놈이 있다. 빈대의 어원이 무엇인지 자신 있게 말할 수는 없으나 빈대의 생김새와 관련지어 생각해 볼 때 빈대의 어원은 밴대의 어원과 같지 않을까 생각된다. 빈대머리라는 말도 있다. 대머리를 달리 일컫는 말이다. 그러니 대머리의 '대'는 빈대 혹은 밴대의 준말로 보아도 무방할 듯하다.

또 밴대나 빈대가 붙는 복합어를 알고 싶어서 사전을 찾아보니 비속어도 있었다. '밴대×' '밴대××' 등이 나와 있었지만, 얼굴이 붉어지므로 그만 덮어 버렸다. 하여튼 밴대라는 낱말은 '없다' 혹은 '비었다'는 뜻으로 쓰였다는 걸 짐작할 수 있었다.

마침내 '밴대콩'은 속이 여물지 않은 채 빈 꼬투리만 있거나 알맹이가 없는 쭈그렁이 콩이란 것이 분명해졌다. 그래, 그렇다면 밴대콩 같은 사람은 어떤 사람일까 떠올려 보았다.

외화내빈外華內貧의 사람이라고 할까. 속은 비어 있으면서 겉만 짙푸른 밴대콩 같이 번지르르한 사람이 머릿속에 그려진다. 또한, 겉치레뿐이고 실속은 없는 사람, 겉은 그럴싸해 보이나 속은 형편없는 사람이 바로 밴대콩 같은 사람이 아닐지 하는 생각이 지나간다.

순간 밴대콩 같은 업자에게 속았던 씁쓸한 기억이 되살아났다. 꽤 오래전 일이다. 사람과 세상을 보는 눈이 어수룩하여 밴대콩 같은 업자들에게 많은 돈을 떼인 적이 몇 번 있다. 명색이 좋아 사업자이지 그 내막은 멍들고 "속 빈 강정", "난부자 든거지" 같은 사람들인 줄 모르고 거래하다가 큰 낭패를 본 것이다.

그리고 보니 나는 겉으로 보이는 것만이 확실하고 유익하다는 사고방식으로 이 세상을 살아온 것 같다. 사람을 대할 때도 외모를 잣대로 삼아 됨됨이를 판단한 경우가 많았다. 친구를 가릴 때도 마찬가지였다. 대상의 본질은 파악 못 하고 겉으로 드러난 현상을 더 중시한 셈이었다.

어찌 보면 요즘 세태도 외모로 사람을 취하는 풍조가 심한 것 같다. 각종 대중 매체를 접해 보면 얼짱 문화로 대변되는 외모 지상주의가 붐을 이루고 있다. 얼굴이 뛰어나게 예쁘고 잘생긴 사람에게 지나치게 열광하는 현상이 물씬 느껴지고 있다. '옷이 날개'란 말이 있긴 하지만 옷이나 잘 입고 외모가 번지르르해야지만 알아주는 추세가 뚜렷해지는 것 같다. 실은 나도 요 며칠 동안 좋아하는 연예인의 얼굴을 보기 위해서 그 연예인이 출연하는 드라마 시간이 되면 텔레비전 화면 앞에 앉아 눈여겨보곤 한다.

어쨌든 밴대콩 같은 사람이 많아진다는 것은 불행한 일이다. 하기야 나도 그중 한 사람, 실속 없이 겉치레에 급급한 요즘의 내 모습이 한 꼬투리의 밴대콩이니 이러쿵저러쿵 말하여 무엇 하랴.

알싸한 봄의 미각, 달래

"♪ 동무들아, 오너라 봄 마중 가자. 나물 캐러 바구니 옆에 끼고서 달래 냉이 꽃다지 모두 캐보자. 종다리도 봄이라 노래 부른다 ♪~"

지금쯤 내 고향 양지바른 곳에는 나물 캐는 처녀들의 콧노래가 들리겠다. 논두렁 밭두렁 그리고 양지바른 언덕에 돋아나는 봄나물! 쑥, 달래, 냉이, 꽃다지, 씀바귀, 쇠비름, 쑥부쟁이의 어린 나물을 대바구니에 캐어 담는 처녀들의 얼굴이 아지랑이처럼 아른거린다.

어린 날, 누나의 치마폭을 붙잡고 따라다니던 봄날이 있었다. 아무렇게나 눈에 보이는 대로 어린 풀을 누나의 바구니에 캐어 담으면 누나는 못 먹는 것이라고 나무랐다. 긴 봄날에 속이 허전해져서 칭얼대면 누나는 냉이를 뿌리째 캐어 치마폭에 흙을 털어 버리고 쥐여주었다. 입안에 감도는 그 알싸한 마늘 냄새와 짜릿한 맛이라니! 그 맛을 잊을 수 없다. 냉이 먹고 물 마시고 언덕에 누워 흘러가는 구름에 눈을 주던 그 시절 이제 오지 않겠지.

　유년 시절, 봄이 오면, 누나들을 따라 개울 건너 묵정밭으로 나물 캐러 갔다. 징검다리를 먼저 건너서 디딤돌 하나를 옮겨버리는 장난을 치면, 누나들은 치마를 걷어 올리고 차가운 냇물을 맨발로 건너야 했다. "어쭈, 요놈 봐라. 잡히기만 해 봐라." 나는 나물 바구니를 도맡아 들고, 나물을 캐는 누나들 뒤를 따라다녀야 하는 벌을 받았.

　달래, 냉이, 씀바귀, 돌나물, 원추리, 광대나물, 박조가리나물, 별꽃 나물, 질경이, 갈퀴덩굴, 곰보배추…. '원추리'는 꽃을 보기 위해 다 캐지 말고 좀 남겨 두자고 누나들에게 부탁했다.

　달래는 인기 있는 나물이다. 특히 달래는 여린 잎과 둥근 비늘줄기, 뿌리로 이루어져 있어 막 캐다 보면 머리카락이 뒤엉킨 것처럼 지저분해진다. 그래서인지 '미친년 달래 캐듯'이라는 속담이 있다. 어떤 일을 천방지축으로 종잡을 수 없게 함을 비유적으로 이르는 말이다. 밭에서 여기저기 들쑤시고 다니며 마구잡이로 달래를 캐는 사람을 상상해 보면 달래의 인기가 얼마나 얼마나 대단했는지 짐작할 수 있을 것 같다.

　달래는 지금도 인기 있는 나물이다. 봄의 미각을 깨우는 나물이다. 약한 마늘 냄새와 매운맛이 있는 달래는 나물로 무쳐 먹기도 하고 달래 양념장을 만들어 밥을 비벼 먹기도 하는데, 그중에 달래 된장찌개가 가장 맛있는 것 같다.

달래는 향긋한 봄나물 정도로만 알고 있었는데 그게 아니었다. 비타민 A, 비타민 C, 철분, 칼슘 등 다양한 영양소를 함유한 건강식품이자 약용 식품이라고 한다. 잎과 알뿌리를 함께 생채로 해서 먹거나 국거리나 부침 재료로 이용되고 있다. 뿌리줄기는 소산小蒜이라 하여 약으로 쓴다. 가슴을 편안하게 하고, 양기를 잘 흐르게 하여 뭉쳐있는 것을 흩어주며 기를 소통시켜 체한 것을 통하게 하는 효험이 있는 것으로 알려져 있다.

달래를 이용한 요리법은 많다. 전통적인 비빔밥이나 잡채, 나물비빔밥, 김치볶음밥에 그대로 이용할 수 있고, 국수류나 찌개, 전골에도 제격이다. 된장국이나 된장찌개, 뭇국에도 사용되며, 강된장이나 강된장 비빔면에도 넣어 고소한 풍미를 더할 수 있다. 무쌈과 함께 상추쌈에 간장과 함께 간장 쌈장으로 이용해도 좋다. 달래무침, 달래생채, 달래장아찌 등으로 만들어 먹으면 색다른 입맛을 즐길 수 있다. 봄철 산뜻한 맛을 내는 나물을 손꼽으라고 한다면 아마 달래가 첫째일 것이다.

문득 '아버지는 나귀 타고 장에 가시고 할머니는 건넛마을 아저씨 댁에 고추 먹고 맴맴 달래 먹고 맴맴'하는 동요가 떠오른다. 어렸을 적 즐겨 부르던 노래다. 오늘 점심은 달래장을 만들어 밥에 비벼 먹어야겠다. 그러면 겨우내 잃어버린 입맛이 되찾을 수 있지 않을까. 밥 두어 그릇 밥 정도는 너끈히 비울 수 있을 것 같다. 알싸한 봄의 미각, 달래를 새삼 추억해 본다.

목련화를 기다리며

　목련꽃이 피면 봄빛을 자랑하던 화사한 진달래 개나리는 그 빛을 잃는다. 진달래, 개나리의 화사한 빛깔은 목련꽃에 비하여 무게가 너무나 가볍기 때문이다. 진달래 개나리가 시녀라면 목련꽃은 봄을 제압하는 여왕이라고나 할까. 그 중후하고 우아한 품위는 여느 꽃이 가히 범접 못 하게 한다.
　목련꽃을 아름답다고 말하지 않을 사람이 어디 있으랴만, 봄빛에 희디흰 얼굴을 드러낸 목련꽃을 바라보노라면 부잣집 맏며느리를 연상할 만큼 복스럽게 보인다. 또한 이른 아침이슬을 머금고 맑은 향기를 뿜고 있는 꽃봉오리를 보면 청상 미인처럼 섧게 보이기도 한다.
　목련은 꽃봉오리가 붓 같다 하여 목필木筆이라고도 한다. 매월당 김시습은 목련에 대하여 「잎은 감잎과도 같고 꽃은 백련과 같고 봉오리는 도꼬마리와 같고 씨는 빨가므로 산 사람이 이름하여 목련이라 한다」고 하였고『본초강목』에도「이 꽃이 곱기는 연화와 같은 고로 목부용이라, 목련이라 하는 이름이 있다」라고 한 것을 보면 목련의 이름이 생긴 유래를 짐작할 수 있다.

작년 이맘때쯤의 일이었다. 공연히 잠이 잘 안 와 뒤척이다가 바람이나 쐬러 나갈까 하고 문밖을 나섰다. 아파트 뒤 공원을 어슬렁거리며 돌아다니고 있는데 갓 피어난 목련이 달과 함께 기가 막히게 조화를 이루어 놓고 있지 않은가. 달과 목련, 이들이 연분은 보통 사이가 아니다. 뿌연 달빛에 희디흰 목련꽃 몇 송이가 이파리도 달리지 않은 나목처럼 처연하게 피어 있는 거였다. 정말 처절하게 청초한 모습이었다. 어찌 매료되지 않을 수 있겠는가.

그 뒤로 으레 밤이 되면 보고 싶은 마음이 동하여 그곳으로 발걸음을 옮겼다. 규수댁 집 주위를 도는 떠꺼머리총각처럼 목련 나무 주위를 서성거리곤 했다. 그러면서 논개를, 백마강의 삼천 궁녀를, 그리고 청초한 한국의 여인상을 상상했고 엉뚱하게도 목련꽃으로 술을 담가 먹으면 어떨지 하는 엉뚱한 꿍꿍이속도 가졌다.

그러나 그 꿍꿍이가 막 실현 단계에 이르려 할 때 아내의 반대에 부딪혀 목련주 꿈은 날아가고 말았다. 그런지 여드레쯤 지나자, 잎이 피기 시작하며, 숙명인 양 안타깝게 몸부림치며 꽃잎은 하나둘 저버리기 시작했다. 그때의 허전함이란…. 사랑하던 애인이 떠나버리는 것과 같은 실연의 아픔이라고 비유할까. 하여튼 그때부터 목련에 대한 애착이 더 심해졌고 틈틈이 공원을 산책할 때마다 목련

나무 주위를 가꾸고 물을 주며 돌보는 재미로 한여름을 지냈다. 말하자면 목련과 열애를 했던 것이다.

올해 우리 아파트엔 봄이 좀 늦은 것 같다. 이제 조금 있으면 단아하고 청순한 목련화가 또다시 찾아오겠지. 은근한 기다림에 하루가 즐겁기만 하다. 이번 봄에는 더 열심히 너를 보살펴 주고 사랑하리라. 애처로울 정도로 청초한 절개를 지닌 너에게 군자의 기품으로 말이다.

까치밥

    고향집 뒷동 밭에는 이십여 년 된 감나무 수십 그루가 있다. 음력으로 10월 초승쯤 첫서리가 내릴 적이면 감 따기는 으레 내 몫이다. 감을 거의 다 따되 높은 꼭대기에 매달린 감 하나, 두어 개는 따지 않고 남겨 둔다. 까치밥, 선조들의 현명한 구푼철학이다.

    다 하지 말라, 구할 정도만 해라. 밥도 그리 먹고, 욕심도 그리 하라, 감도 깡그리 따지 말고 몇 알은 여분으로 하늘에 맡겨라. 나는 진짜로 까치 식사를 위해 남겨 놓은 줄 알았다. 실제 까치가 즐기는 메뉴에는 아람한 홍시가 있기도 하다. 하지만 채우지 말라는 구푼철학은 그 뒤 한참이나 지나 뇌가 커진 나음에야 알았다. 감을 딸 때는 긴 장대로 따는데 장대의 길이가 모자라서 꼭대기 것을 따지 못해 남겨 둔 것이 아니다. 남겨 둔 감을 흔히 '까치밥'이라 하는데 날짐승이 배가 고프면 먹으라고 식사감이다.

까치는 홍시를 좋아한다. 감이 익을 때면 홍시는 까치가 먼저 파먹는다. 감나무는 높게 자라기 때문에 사람의 손이 미치지 못하는 높은 곳에 열려 있어 날짐승인 까치의 차례가 되기도 하였다. 그러나 사람들은 까치를 미워하지 않고, 까치에게 마지막 홍시 몇 개를 남겨 두는 너그러움이 있었다.

까치밥은 까치의 몫만이 아니다. 지난겨울 시골집에 가서 밭을 둘러볼 때였다. 감이 풍년이 들어서 그런지 까치밥이 많이 매달린 먹감나무에 다양한 새들이 와서 배고픔을 달래고 있었다. 멧새, 박새, 까치, 직박구리, 찌르레기, 개똥지빠귀 등 다양한 새가 찾아와 감을 먹고 있었다. 이처럼 까치밥은 뭇 새의 먹을거리다.

시린 하늘 아래, 빈 가지에 꽃등처럼 달린 까치밥 홍시, 한겨울 풍치로도 절품이다. 시인 송수권은 긴 장대로 까치밥까지 따는 조카아이들을 나무라며 '까치밥'이라는 시를 썼다. 시인이 보기에 까치밥은 "살아온 이 세상 어느 물굽이/ 소용돌이치고 휩쓸려 배 주릴 때도/ 공중을 오가는 날짐승에게 길을 내어주는" '따뜻한 등불'이었다. 세상이 어지러워 굶주려야 할 때도 날짐승들을 위해서 몇 개의 감을 남겨놓는 것이 우리 민족의 넉넉한 마음이었거늘, 시인은 조상들의 여유와 자비를 계승하지 못하는 후손들이 못내 안타까웠던 게다.

나눔은 물질 이전에 마음이다. 까치밥의 풍속은 날짐승의 존재도 잊지 않고 분배를 배려하는 인식에서 만물제동, 사랑 그리고 동물

애호를 넘어서서 따뜻한 인정마저 느끼게 된다. 서리가 내려 모든 풀잎과 채소들이 시들어 가는데 감나무 높은 꼭대기에 홍시 두서너 개 남겨 둔 까치밥은 이웃을 보살피고 나눔을 베풀기 좋아하는 조상들의 미풍이라는 느낌이 든다.

들은 얘기다. 1960년 겨울에 《대지》의 작가 펄 벅(1892~1973)이 우리나라를 방문했을 때였다. 늦은 가을 감나무 꼭대기에 달린 감을 보고 작가가 물었다. "저 높은 곳의 감들은 따기 힘들어서 남긴 것인가요?" "아닙니다. 저것들은 새들을 위해 남겨둔 것으로 '까치밥'이라 부릅니다." 이에 작가는 "어느 유적지나 왕릉보다 더 감동적인 이 현장을 목격한 것만으로 나는 한국에 오기를 잘했다고 생각한다."며 감탄했다고 한다. 아마 나눔의 가치가 감동으로 와 닿았으리라.

연일 동장군이 위세를 떨치고 있는 가운데 겨울철 우리나라를 찾은 새들이 먹이를 먹지 못해 죽어가는 경우가 왕왕 발생하고 있다. 사람도 그렇지만 새들에게도 힘든 계절이다. "새들도 먹고 살아야지…." 공생의 정신으로 힘든 철을 지나야 새봄을 꿈꿀 수 있다는 자연 정신을 그대로 보여 준다. '같이'가 '가치'라는 걸 일깨워 준다.

벼도 마찬가지로 낱알을 다 수확하지 않는 것이 자연을 위한 배려다. 자연에서 농작물을 수확하는 보답일지도 모른다. 그런데 최근 농경 낱알이 압축포장 사일리지라는 이름으로 모두 거두어 사료로 사용되고 있다. 까치밥도 마찬가지다. 감을 남겨두는 문화가 많이 사라지고 있다. 그래도 여전히 농부의 가슴에는 더 큰 나눔의 실천이 있어서 다행이다. 농부들은 세 알씩 씨를 뿌린다고 한다. 하늘과 땅 그리고 나를 위해 그리한다고 한다. 이 역시 통 큰 나눔의 정신이 아닌가?

까치밥이 까치 몸속으로 들어가는 일, 이것이 바로 "나눌 수 없는 나누는 일"이고, 이것이야말로 우리 세상을 세상이게 하는 원동력일 테다. 그런데 그 많던 까치밥은 언제, 왜 다 사라졌을까. 우리가 '나누는 일'을 되찾지 못한다면 '사람 밥'도 조만간 사라질지 모른다. 까치밥은 날짐승들을 위해 남겨둔 조상들의 넉넉한 마음이다. 나는 지금 누군가에게 '까치밥'을 남기고 있는가. 다시 한번 돌이켜본다.

고운 새소리

　무더위를 피하여 시골집에 갔다. 울안에는 이백 년도 더 넘었음 직한 굵디굵은 참죽나무 두 그루가 있다. 그 그늘 밑 툇마루에 앉아 있으면 뜰에서 불어오는 바람이 제법 시원하다. 매미 소리와 새들의 지저귐 소리가 난다. 낮잠이나 한숨 자려고 눈을 감고 누워 있을 양이면 가까이서 들려오는 참새들의 소리에 자리를 털고 일어나지 않을 수 없다.
　참새들은 시도 때도 없이 마당가 나뭇가지나 뜨락으로 날아와선 시시닥시시닥하며 끊임없이 수다를 떠는 아이들처럼 재잘거린다. 누가 참새가 아니랄까 봐 꼭 티를 내는 놈들이다. 매무새 깔밋한 박새나 곤줄박이도 가끔 오지만 고것들은 담장 위에 올라앉아 꽁지깃을 까불거리다간 이내 허공을 차고 날아갈 뿐 양갓집 규수처럼 소리를 아낀다.

내가 어릴 적만 해도 온갖 새가 마을 숲에서 재잘거렸다. 이른 봄 들판을 기어오르는 아지랑이 속에서 진종일 가물거리는 노고지리의 지저귐을 비롯하여 멀리 떠나가신 님의 소리처럼 처량한 여름밤의 소쩍새 소리가 자주 들렸다. 가을이 저물면 땅거미 깔리는 울타리 사이를 파고드는 굴뚝새들의 가냘픈 지저귐과 겨울밤 눈 쌓인 마을의 뒷동산에서 할머니의 옛이야기보다 구수하게 울어 주는 부엉이 소리가 들렸다. 또 서릿발이 깔린 아침이면 마을 앞 미루나무 둥우리에 까치 소리가 너무나 다정하고…. 헤아려 보면 한량없이 많은 텃새의 울음소리에서 유년 시절을 보냈다. 이렇듯 봄, 여름, 가을, 겨울 할 것 없이 정감 있는 텃새들이 집 안에 있는 뜰이나 나무로 찾아들었다.

　마을의 각 집이나 정원은 자연을 가장 존중하는 꼴로 꾸며졌으며 마을 전체가 오늘날의 자연 친화형 생태 공원이나 다름없었다. 그도 그럴 것이 유럽, 중국 또는 일본의 정원들처럼 인간의 의지력이 구석구석에 스며들어 빈틈없이 다듬어진 그러한 정원이 아니었다. 따라서 텃새들에게는 뭇 산천과 마찬가지의 보금자리였다.

　우리 조상들은 정원을 찾아드는 텃새를 쫓으려 하지 않았으며 일부러 맞아들이려고 애쓰지도 않았다. 이를테면 인간과 자연 사이에 잘 조화된 아름다움이 저절로 빚어졌을 따름이다. 외국의 인공적으로 철저히 손질된 정원에서는 도저히 찾아볼 수 없는 현상이다. 정원을 찾아드는 새의 무리는 사뭇 제자리를 맴돌기만 하는 텃새뿐만 아니라 겨울이면 멀리서 찾아오는 겨울 나그네가 있고 날씨가 풀리면 남풍을 타고 올라오는 여름 철새들이 있다. 거기에 또 떠돌이 새들을 합치면 그 수효가 셀 수 없이 많다.

철새가 찾아오면 정원의 계절감은 한결 심각해진다. 창문에 볕살이 제법 두터워질 무렵이면 날카로운 촉새 소리가 문을 열어젖히게 하고 신록이 퍼져 오르는 여름 아침엔 신록을 누비는 휘파람새 소리가 찬란히 뿌려지는 햇빛보다도 찬란하다. 삼라만상이 잠든 밤중에 기러기 외마디소리가 잠시 붓을 놓게 할 즈음에 어쩌다가 두루미의 훤칠한 자세가 우거진 정원의 숲속에 내려앉으면 마냥 반가운 손님으로 대접한다. 이처럼 슬기로운 자연과 인간의 조화가 어디에 있겠는가.

나는 아직 외국의 정원을 언급한 책에서 새소리의 현상이 정원의 요소로 취급된 내용을 본 적이 없다. 그럴 것이 유럽, 중국 또는 일본의 정원들은 주로 인조 공원이고 그런 곳에서는 고운 새소리의 현상이 자연 발생할 수 없기 때문이다. 원래 그들의 정원은 위세의 상징으로 꾸며진 무대이므로 어디까지나 보기 위한 전시물인 데 비해 우리나라의 정원은 그 속에서 자연을 느끼며 조용히 살아가는 생활 환경이다.

그런 성격의 차이는 새소리 현상으로 말미암아 더욱 두드러진다. 말하자면 그들 정원의 미가 시각에 그쳤다면 우리나라의 정원은 청각적 정서까지 곁들어진 셈이라 할까? 겉보기가 쓸쓸한 가운데 오히려 조용히 귀를 기울여야 할 차원 높은 감정과 청각이 깔려 있다.

새소리를 극진히 아끼고 즐긴 우리 조상들의 멋진 풍류는 각종 문집의 시문에 숱하게 비쳐 있다. 그런데 그렇도록 알뜰히 가꾸어진 정서와 인간성은 지금 우리에게 제대로 이어지지 못하였다. 문화 전통 단절은 사물 자체의 단절보다 의식의 단절이 더 심각하지 않겠는가.

고향 동산의 숲에는 예전에 들렸던 온갖 새들의 소리가 줄어들었다. 숲속에 그 흔했던 새들 소리도 들리지 않는다. 어디론가 사라져 버렸다. 환경 오염과 기상 이변 때문일까? 오랜 세월이 지난 뒤에 고향의 숲은 한층 울창해졌는데 새들의 지저귐은 무척 뜸해진 느낌이다. 동네 고샅을 온통 휘젓고 다녔던 시절, 아침부터 조잘댔던 때까치를 보지 못한 지 오래다. 원형적 고향이 지닌 자연성의 노래를 잃어버린 느낌이다. 무엇인가 마지막 소중한 것이 사라져 가는 듯 허전한 감회가 가슴을 파고든다.

까치 부부의 집짓기

아파트 뒤 공원을 거닐다 보면 까치를 자주 만난다. 아침이면 동료들을 부르는지 요란하게 깍깍거린다. 내겐 자명종 소리 같다. 얼마 전엔 까치 부부가 미루나무에 둥지를 트는 모습을 보았다. 몇 분 간격으로 암수가 둥지를 드나들면서 집짓기에 열중하는 모습을 주욱 지켜보았다.

나뭇가지를 물고 올라가서 물색해 놓았던 집터에 기초를 다지는 작업을 하고 있지 않은가. 녀석들은 제 몸길이의 두 배가 넘고, 제 다리 굵기보다도 더 굵은 나뭇가지들을 부지런히 물어왔다. 그 작업 속도로 봐서 시작한 지 보름 정도는 되어 보인다. 기초공사가 보름 정도는 되어 보인다. 기초공사가 가장 어렵다. 나뭇가지가 자꾸 떨어지니 참 어렵다.

관찰한 지 일주일이 지났는데 큰 진척은 없다. 누가 뭐라든 신경

쓰지 않고 자기 일에만 몰두한다. 까치 부부는 언제나처럼 공사에 열중이다. 유심히 보니 크고 작은 가지를 입에 물고 와서 살아 있는 나뭇가지 사이에다 가로 세로로 건너지르며 엇갈리게 쌓는다. 조상들로부터 물려받은 솜씨인 것 같다. 어쩌면 인류가 최초로 시도했던 결구結構식 건축의 원형 같다. 부리 힘이 강해서인지 긴 막대기도 꽂아 넣는다. 둥지가 고르게 다듬어졌다. 떨어져서 보면 아직 많이 엉성하다. 그래도 위에서 보면 포근하고 아늑해 보인다.

한 마리는 안에서 한 마리는 밖에서 힘을 모은다. 높은 곳에서 보면 둥지가 다 되어 가는 것 같다. 애써 물어온 나뭇가지가 떨어진다. 밖으로 튀어나온 엉성한 가지는 뽑아 다시 꽂기를 여러 번 반복한다.

둥지 작업을 시작한 지 한 달이 지났다. 위에서 보면 완전한 둥지 형태를 갖추었다. 한 달 보름이 지났건만 아직도 작업 중이다. 착공한 지 두 달만에 둥그런 모양의 형태를 갖추었다.

이게 웬일인가. 위 지붕을 완전히 덮었다. 자세히 보니 옆쪽에 출입할 수 있는 구멍을 남겨두고 나머지 부분은 모두 나뭇가지로 덮어버렸다. 벽체 작업은 완료한 것 같고 내부 공사를 하는가 보다. 진흙 같은 것을 물어온다. 둥지 안에 붙이나 보다. 장장 삼 개월만에 거대한 둥지가 완공되었다. 이제야 까치가 한가하게 쉬고 있다.

저만치 공원을 배경 삼아 기운차게 뻗친 높은 우듬지 사이로 보이는 둥지는 한 폭의 문인화다. 바람이 솔솔 지나가고 별들이 지척에서 소곤거리고, 일 년 내내 보송보송, 절대 눅눅하거나 질펀한 일은 없을 것이다. 높은 곳에 고립하여 외롭지만 날마다 듣느니 바람이요, 보느니 별빛과 창공이라. 휘영청 달밤이면 어쩌랴! 교교한 달빛이 까치집으로 스며드는 월색도 그림에서 빼놓을 수 없는 풍경이다.

지난여름 태풍은 지독했다. 견딜 나무가 있었을까? 아파트 뒤 공원의 아름드리 미루나무도 뿌리째 뽑혀 쓰러졌지만, 까치집은 멀쩡했다. 얼기설기 지어 바람구멍이 숭숭 나 있기 때문이다. 건축학에서도 까치집 공법을 많이 연구하여 건축 기술로 응용하고 있다고 한다. 더구나 영리한 까치는 집을 지을 적에 아예 바람 부는 날에 짓는다고 한다. 자연 재난에 대비하여 집을 지었다는 점에서 배울 만하다. 연약한 부리와 발톱으로 주워 온 나뭇가지로 엮은 둥지가 철근 콘크리트와 현대 기술로 지은 빌딩보다 태풍에 무사했다니 그저 놀랍기만 하다.

어느 때부터인지 까치는 유해 조수가 되었다. 까치의 개체 수가 급격히 늘어 먹이가 모자라서인지 시골 과수원의 붉은 사과를 탐내기 시작했다. 주인은 총포를 쏘아 까치의 생명을 해치기도 한다. 가을에는 산과 들에 먹이도 많은데 왜 하필이면 과수원의 피해를 주어 자기들의 신변위험을 자초하는지 모르겠다. 과수원지기도 공포탄을 쏘거나 조류 기피제나 새망을 이용하여 사과를 보호했으면 좋겠다. 비둘기처럼 집을 지어 먹이 제공은 못할지언정 사람과 친근한 까치를 보호하며 사람 곁에서 놀게 하면 얼마나 좋을까?

제4부

AI와 일자리

전쟁이 빚어내는 참상과 아픈 사랑 이야기
– 바오 닌의 소설 『전쟁의 슬픔』(2012) –

1. 여는 말

　재작년 연말 베트남전쟁 당시 미군의 기지였던 다낭으로 여행을 갔다. 전쟁의 포연냄새는 말끔히 가시고 평화로운 독립의 시간을 보내고 있는 베트남 사람들을 보았다. 평일인데도 번화가는 젊은 남녀의 물결이 넘실대고 있었다. 베트남 국민의 평균 연령이 28세라고 하는 안내자의 말을 듣고 놀라움을 금치 못했다. 40대, 50대, 60대가 얼마 없다고 하여 오가는 사람들의 모습을 유심히 살펴보았다. 정말 나이 들어 보이는 사람들이 드물었고 눈에 띄는 노인 중에는 불구의 몸이 된 사람이 상당했다. 이 모두 전장에서 다친 사람들이었다.
　이렇듯 비극적인 베트남전에 참전한 경험을 바탕으로 바오 닌이

쓴 자전적 소설 『전쟁의 슬픔』은 월남 땅에서의 전쟁 얘기다. 전쟁의 기억을 지우고 평화롭게 새로운 가치를 내면화해 가던 베트남 사람들에게 그의 소설은 느닷없는 맹폭격이었다. 출간되자마자 베트남 작가협회 최고작품상을 받고 이 작품은 무려 16개국 언어로 번역·출판될 정도로 베트남 내외에서 명성을 얻었다.

지은이 바오 닌은 1952년 1월 18일 베트남 중부 응에 안에서 태어났다. 본명은 호앙 어우 프엉이다. 1969년부터 1975년까지 전쟁에 참여했다. 1975년 휴전을 하루 앞둔 4월 29일에 사이공 진공 작전에 투입된 13명의 그의 소대는 5명으로 줄어들었다. 이튿날 떤 선 녓 공항 점령 작전에 참여하여 남베트남 공수부대와 교전 후 최후까지 살아남은 소대원은 그를 포함하여 단 두 사람이었다.

1976년 종전 후 전사자 유해 발굴단에서 8개월간 활동한 뒤 전역한다. 그해 하노이 농업대학에서 수학한 뒤 1981년 결혼. 베트남 과학원에서 근무했고 그 뒤 실업자로 지내며 방탕한 생활을 지속하다가 1984년 베트남 유일의 작가 양성소인 응우옌 주 창작학교를 수학했다. 이후 창작활동에 전념하여 1991년 장편 『사랑의 숙명』을 출간했다. 2년 뒤 원래의 제목인 『전쟁의 슬픔』으로 재출간했다.

그는 이 소설에서 전쟁의 의미와 상처에 대해 깊은 질문을 던졌고, 단순히 현실을 재현하는 데 그치지 않으며 시공간을 넘나드는 독특한 리얼리즘 방식으로 '전쟁의 슬픔'을 뛰어나게 형상화했다. 주목되는 점은 가해자의 한 사람을 주인공으로 삼아 전쟁의 슬픔을 새로운 관점에서 접근했다는 점이다.

2. 베트남전쟁의 의미

작가 바오 닌이 소재로 한 베트남전쟁은 베트남의 독립과 통일을 위하여 벌인 전쟁이다. 이 전쟁에 대한 논란은 베트남에서도, 한국에서도, 미국에서도 여전히 진행형이다. 미국의 요청으로 한국은 1695년부터 1973년 철수할 때까지 연평균 5만 명의 병력을 파견하여 참전했다. 파월장병만 해도 4,960명이 전사했다는 사실을 고려하면 비정규군이 주축이었던 베트남 측 사상자의 규모는 미루어 짐작할 수 있다.

> 베트남 전쟁은 1955년 11월 1일부터 1975년 4월 30일까지 사이에 벌어진 전쟁이다. 이 전쟁은 분단된 남북 베트남 사이의 내전임과 동시에 냉전시대에 자본주의 진영과 공산주의 진영이 대립한 대리 전쟁 양상을 띠었고, 1964년 8월부터 1973년 3월까지는 미국 등 외국 군대가 개입하고 캄보디아·라오스로 전선이 확대되어 국제전으로 치러졌다. …… 이 전쟁은 제공권을 장악한 압도적 군사력의 미군이 폭격과 공습, 포격, 수색 섬멸 작전 과정에서 네이팜탄과 같은 대량살상무기를 투하하고 고엽제 등 화학 무기를 사용하여 무차별적으로 민간인을 희생시킴으로써, 미국 내에서 반전 운동을 촉발시켰을 뿐

만 아니라 미국의 국제적 군사개입에 대한 정당성에 큰 타격을 입혔다. (https://ko.wikipedia.org/wiki/베트남_전쟁)

작가 바오 닌은 전쟁에 대해 어떠한 정당성이나 미화도 용납하지 않는다. 그렇다고 엄살을 떨거나 과장하지도 않는다. 다만 그는 안타깝고 끔찍하고 잔인한 전쟁이 어린 연인의 청춘과 사랑을 어떻게 유린하고 표류하게 했는지 냉철하면서도 격정적으로 진술하고 있다.

> 아아! 전쟁이란 집도 없고 출구도 없이 가련하게 떠도는 거대한 표류의 세계이며 남자도 없고 여자도 없는, 인간에게 가장 끔찍한 단절과 무감각을 강요하는 비탄의 세계인 것이다. (중략) 거대한 위험이나 큰일이라고 여겨지던 것들은 모두 일상적인 것이 되어버렸고 매일매일의 기쁨이나 슬픔 같은 인간사의 소소하고 자잘한 것들은 오히려 이치에 어긋나는 것으로 받아들여지고 또한 거의 존재하지도 않았다. (『전쟁의 슬픔』, 47쪽)

작가의 전쟁 체험은 한 마디로 있을 수 없는 일, 아니 있어서는 안 될 인간의 참혹한 사변이었다. 일상의 소소하고 자잘한 일들마저 존재할 수 없는, 이른바 탈일상의 괴물로 그는 본 것이다. 베트남 전쟁은 따라서 과거의 한 조각이 아니라, 회고하는 작가에게는 영원히 비극적 사태인 셈이다.

2. 전쟁보다 아픈 사랑 이야기

저자 바오 닌은 실전에 참여하여 이성과 광기의 경계선에서 진저리가 날 정도로 참혹한 살인 행위를 체험한 사람이다. 그는 수많은 죽음의 고비와 시체들의 산을 넘어 살아남아 '전쟁의 슬픔'을 집필했다. 굳이 클라우제비츠의 〈전쟁론〉이 아니더라도, 전쟁은 거대한 살상이며 폭력 그 자체다. 따라서 그의 소설 제목처럼 전쟁의 슬픔은 전쟁에서 살아남은 자의 것이 아니라, 전쟁 그 자체의 다른 이름이다. 그는 이 소설에서 인간이 인간을 죽이는 난장판, 야만적인 욕망, 난무하는 폭력, 무참히 짓밟히는 사랑을 드러내고 있다.

아마 이 시대 작가 중에 바오 닌처럼 무수한 죽음을 목격하고 수많은 시체를 본 사람도 드물 것이다. 그러다 보니 그의 소설에는 피비린내가 가득하다. 송장이 넘쳐난다. 그러나 결코 전쟁 소설에 멈추지 않는다. 전쟁 이상의 것이 담겨 있다. 잃어버린 젊음, 그리고 전쟁보다 애달픈 사랑 이야기가 전개되고 있다. 소년과 소녀의 사랑이 비참하게 짓밟히고 돌이킬 수 없는 파경으로 치닫는 사랑의 비가가 소설 전편을 관통하고 있다. 세계적으로 잘 알려진 뮤지컬 〈미스 사이공〉처럼 순수사랑이 기만당하기 일쑤이고, 꽃잎 같은 순정은 핏빛으로 얼룩진다.

소설의 주인공 끼엔과 프엉은 행복하고, 평온하고, 맑고 순수한 소년기 시절을 보냈다. 그러나 그 시간은 단숨에 지나갔고 운명의 시간이 다가왔다. 열일곱 어린 연인 프엉의 싱그럽고 풋풋한 사랑은 하노이를 떠나면서 걱정과 절망에 휩싸이고, 끼엔은 죽음의 전쟁터로 홀로 들어간다. 10년 만에 돌아온 하노이에서 두 연인은 감격스러운 해후를 하지만 그들은 이미 예전의 그들이 될 수 없다. 이번에는 프엉이 하노이를 떠나면서 끼엔이 다시 홀로 남겨진다.

그래서 이 소설의 기법상 유형은 공간이동과 더불어 이야기가 전개되는 사랑의 서사요 '여행 서사'다. 저자 바오 닌은 끼엔이 푸엉과 함께 성장했던 하노이의 집을 떠나 전쟁터로 갔다가 돌아오는 여정을 따라 서사를 펼쳐 나간다. 그러나 이 어린 연인이 걸어야 했던 아픈 사랑의 여정은 이 소설 속에서 실오라기처럼 가늘고 희미하다. 더구나 이 어린 사랑의 서사는 자주 피에 잠기고 화약 연기에 덮여 밀림 속에서 길을 잃어버리곤 한다.

옮긴이 하재홍의 말에 의하면 이 소설이 나오자마자 문학계는 바오 닌의 '집단이 아니라 개인을 중심에 놓은 새로운 관점과 시공간을 자유자재로 넘나드는 서술 방식'에 주목했다고 한다. 이른바 그의 소설은 특정 개인을 특정화해서 그것에 매몰된 게 아니라, 그를 통해 당시의 전체적인 사회 분위기를 환기한다.

방현석 소설가는 발문에서 "이 작품은 우연과 비합리성이 난무하는 전쟁의 서사에 적확하게 조응하는 탁월한 플롯으로 독자를 전장 속에 가두는 데 완벽하게 성공하고 있다. 모두 여덟 개의 장으로 이루어진 이 소설을 읽는 동안 독자들이 부비트랩이 깔린 정글을 걷는 것과 같은 긴장감에서 벗어날 수 없는 이유가 바로 이 비약과 반복의 플롯에 있다."고 했다. 한 마디로, 죽음의 서사에서 필요한 격정과 광기 그리고 긴장의 플롯과 문체를 보였다는 것이다.

3. 문학성이 높은 전쟁소설

소재의 측면에서 보면 전쟁소설이다. "전쟁 문학"이라는 단 하나의 주제에 매진하고 있다. 전쟁을 소재로 하여 진정한 인간상과 참다운 진실을 뚜렷이 부각하고 있다. 레마르크의 『서부 전선 이상 없다』나 헤밍웨이의 『누구를 위하여 종은 울리나』와 비견할 만하다. 우리나라의 황순원의 『나무들 비탈에 서다』, 안정효의 『하얀 전쟁』과 견줄 만할 소설이다. 가해자의 일원을 주인공으로 삼은 것 자체가 전쟁의 슬픔을 새로운 차원에서 시도한 소설이라 할 수 있다.

이 장편소설은 전쟁에 관한 모든 소설을 뛰어넘는 전쟁소설이다. 그 이전의 어떤 소설에서도 찾아볼 수 없었던 전쟁의 실상과 본질을 놀라운 솜씨로 복원해 냈다. 한 정부가 평화를 위한다는 명분 아래 전쟁을 부추기는 이데올로기적 수사의 허구성을 잘 드러내고 있다.

"내게 전쟁은 인생에서 접한 가장 커다란 비극이었습니다. 전쟁은 내게 결코 바라지 않는 고통과 슬픔을 안겨 주었습니다. 나날이 더욱더 분명하게 깨닫게 되는 끈질긴 고통 중 한 가지는 이런 것입니다. 나와 전쟁터에서 적으로 만났던 이들이 본래는 서로를 존중하고 애정을 나누고 친구로 사귈 수 있는 존재들이건만 서로를 죽이려 들었다는 사실입니다. 베트남, 한국, 미국의 수십만 젊은이들이 아무런 원한 관계도 없이 서로를 죽이면서 흐르는 핏물로 강물을 만들었습니다. 어찌 이렇게 잔인하고 야만적이고 부조리한 일이 있을 수 있습니까." (『전쟁의 슬픔』, 6쪽)

작가 바오 닌은 주인공 끼안을 자신의 시선으로 그려내고 있다. 적군(敵軍)을 향해 당긴 방아쇠 사이로 튀어 오르는 죽음의 핏물로 투영되는 주인공 끼안이 바로 저자의 분신인 셈이다. 그에게는 죽음조차 특별한 것이 아니고 흥밋거리도 되지 않았다. 그에게 전쟁은 어제까지의 삶을 송두리째 바꿔놓은 기괴한 괴물 그 자체였다.

"마지막 고통에서 사지를 부르르 떨며 발버둥 치는, 아직 온기가 남아 있는 적병의 몸에 못을 박듯 한 발 한 발 방아쇠를 당겼다. 피가 용솟음쳐 끼엔의 바짓가랑이를 적셨다. 허리께에 아무렇게나 총을 끼고 군복 앞섶도 열어젖힌 풀밭 위에 새빨간 발자국을 찍으며 끼엔은 다시 천천히 나무 뒤에 숨어서 총을 쏘고 있는 다른 정찰병들에게 다가갔다. 두렵지도 않았고 가슴이 뛰지도 않았다. 다만 모든 것이 지긋지긋하고 피곤할

따름이었다. (『전쟁의 슬픔』,30쪽)

구체적이고 전쟁만이 아는 슬픔을 잔인할 정도로 솔직하게 그려 냈다. 말하자면 일반적인 전쟁소설은 전쟁을 대상화하기 일쑤인데, 이 소설은 그렇지 않았다. 카메라 프레임에 잡힌 전쟁 풍경을 그린 것이 아니라, 전쟁의 현장에 작가의 목소리를 투입해 전쟁을 독자에게 중계한다. 이는 단순한 현장 보고나 정보 제시가 아니라 일종의 증언이고 전쟁의 참혹함을 낱낱이 까발리는 증언이다. 실존했던 인물의 일생을 바탕으로 쓴 자전적 실화 소설이기에 가능한 일이다. 실제로는 없는 사건을 작가의 상상력으로 재창조해 낸 픽션(fiction) 또는 그런 이야기가 아니다. 기록적이고 사실적인 측면이 짙게 깔려 있다. 논픽션(nonfiction)에 가깝다.

어떤 면에서 보면 메타픽션(metafiction) 요소도 다분하다. 작가가 자신의 글을 되돌아보며 의심하고, 환상이나 상상을 가하는 등 글쓰기 행위에 대한 자의식이 드러나는 서술이 많다. 이는 소설이 잘되지 않아 고민스럽던 자신의 심경까지 담아 소설 쓰기에 대한 소설, 메타픽션의 형식을 취했다는 사실에서 증명된다.

소설의 첫 장부터 그는 전통적인 줄거리를 틀어쥐지 못했고, 합리성은커녕 제멋대로 헝클어진 시간과 공간의 설정, 뒤죽박죽인 구성에다가 각 인물의 삶과 운명도 즉흥에 맡겼다. 각 장마다 끼엔은 자기 기분대로 전쟁을 그렸다. 그리하여 이제껏

듣지도 못한 전쟁이 되어 버렸고, 자기 혼자만의 전쟁이 되어 버렸다. 그렇게 반미치광이가 되어 끼엔은 자기 인생의 전쟁 속으로 뛰어들어 다시 싸웠다. 외롭게, 비현실적으로, 처절하게, 여기저기 널려 있는 숱한 장애와 오류에 맞닥뜨리며 (『전쟁의 슬픔』,30쪽)

4. 홀로 존재하지 않는 문장

소설가 손홍규는 "바오 닌 소설문체의 특징은 한마디로 과잉이라고 지적한다. 과잉이긴 하지만 불필요한 수식이 넘쳐난다고 할 수는 없다. 형용사와 부사가 정도 이상으로 남용된 글은 아니다. 그러나 감정을 드러내는 단어들이 지루할 만큼 많고 감탄사와 감탄형 종결어미 등을 사용한 영탄법에 의존한 문장이 흔하다. 우리는 보통 이런 문장을 신파조의 문장이라 한다. 인물이 느끼는 고통, 슬픔, 분노, 절망 등의 감정과 인물이 처한 상황이 과장되어 전체적으로 절제가 부족하고 과잉되어 있다는 느낌이 들어서다. 이런 신파조 문장은 독자의 몰입을 방해하기 마련이다."라고 그의 "문학스케치"에서 평했다.

그렇다. 바오 닌의 소설은 문장마다 감정이 흘러넘치고 상황마다 극적이어서 긴장이 된다. 지명과 이름, 용어들이 낯설어 처음에는 읽기가 조금 힘들다. 몇 쪽 지나지 않아 지루해진다. 인물이 뭘 느끼는지는 알겠으나 감정의 얕음과 깊음에 따른 섬세함이 없어 다양한 감정들이 단 하나의 감정인 것처럼 단조롭다. 그의 문장은 나쁜 문장의 표본처럼 과잉되어 있고 진저리가 날 정도로 지루하다. 머리칼이 쭈뼛 서고 팔뚝에 오스스 소름이 돋을 만큼 감상적이다.

그런데도 숨을 참고 읽어 내려가다 보면 책을 놓지 않게 하는 마력이 있다. 끝까지 읽지 않고는 배길 수 없는 묘한 흡인력이 있다. 다 읽고 덮는 순간 느껴본 적 없는 깊은 슬픔에 빠져드는 느낌이 다가온다. 과잉으로 여겨졌던 문장 하나하나가 극도로 절제된 문장인 것처럼 새롭게 다가온다. 나쁜 문장이 대부분인 바오 닌의 글이 어째서 가슴에 와 엉기고 묘한 감정을 유발하는지, 그리고 문장은 홀로 존재하지 않는다는 단순하고도 비범한 진실을 감지하고 깨달을 수 있다. 그의 문장은 자모음의 나열이 아니다. 문장마다 고여있는 작가의 감정이 실답게 전쟁의 참상을 고발 증언했기에 그의 소설은 독자의 가슴에 남는다.

5. 닫는 말

전쟁터는 인간에게 가장 적나라한 실존의 공간이다. 그래서 훌륭한 전쟁 소설은 가장 강력한 평화의 책이기도 하다. 저자 바오 닌은 『전쟁의 슬픔』 등을 통해 전쟁보다 아픈 사랑 이야기… 전쟁과 첫사랑, 가장 비극적인 충돌의 역사를 그렸다. 전쟁의 의미와 상처에 대해 깊은 질문을 던져왔고, 시공간을 넘나드는 독특한 리얼리즘적 재현방식으로 '전쟁의 슬픔'을 탁월하게 형상화했다. 베트남 전쟁문학의 수작秀作이요 베트남전을 휴머니즘의 관점에서 바라본 최초의 베트남 소설이다.

  이 소설에서 저자 바오 닌이 나타내고자 하는 기본적인 사상도 말할 나위 없이 전쟁을 옹호하기 위함이 아니라 전쟁을 반대하기 위함이다. 그가 『전쟁의 슬픔』을 쓴 의도도 바로 평화에 대한 사랑을, 민족 서로 간의 인도적인 마음을, 사람과 사람들 간의 연민의 정을 강조하는, 휴머니즘적 견지에서 씌였다 해도 과언이 아니다.

  베트남전쟁 종전 46주년. 베트남에서 「전쟁의 슬픔」을 뛰어넘는 소설은 아직 나오지 않았다. 바오 닌이야말로 전쟁을 다룬 금세기 최고의 작가라는 생각이 든다.

기독교와 불교의 차이

　종교는 인간의 의식과 인생의 의미를 탐구하는 중요한 영역이다. 그중 불교와 기독교는 이러한 종교적인 탐구에 다르게 접근하며 각자의 신앙과 가르침을 가지고 있다. 나는 종교를 잘 모르는 사람이긴 하지만 불교는 깨우침의 종교라고 한다면, 기독교는 믿음의 종교인 것 같다. 말하자면 불교는 깨우침을 통해 진리를 탐구하고 오도를 찾는 것을 강조하는 반면, 기독교는 믿음을 중시하고 하나님의 영원한 구원을 얻는 것에 초점을 둔다.
　이러한 종교 간의 차이는 건축양식에서도 나타난다. 불교의 사찰은 높은 청산에 자리하면서도 낮은 골짜기에 위치하여 자연과 조화롭게 어우러져 있다. 그리고 절의 전각들은 하늘에서 땅으로 머리를 숙이는 형태를 띠고 있다. 이는 자아를 내려놓고 겸손한 자세를 상징한다. 이는 불교가 자연과의 조화를 중시하며 자아를 내려놓고 겸손한 자세로 깨달음의 길을 찾는 노력을 강조하는 것과 일치한다. 반면에 기독교의 교회당은 인가가 모인 곳에 있으면서도 높은 언덕 위에 자리 잡고 있으며, 뾰족한 첨탑을 가지고 하늘을 향하고 있다. 중세 시기에 건축된 유럽의 여러 고딕 성당만 봐도 단박에 알 수 있다. 저 높은 곳을 향하여 다가가고자 하는 신앙인의 염원이 고딕 건물에 응축되어 있다. 말할 것도 없이 이는 하늘에 대한 경외심과 신앙의 높은 이상을 상징적으로 표현하는 것과 부합한다.

소리의 차이도 이 두 종교의 특성을 반영하고 있다. 범종 소리는 크게 울려 퍼지면서 천지를 감동케 하게 하며, 자연의 소리와 조화를 이루어 사무친다. 이는 불교의 가르침이 자연과 조화를 이루며 수행을 통해 삼매경에 이르는 것을 강조하기 때문인 듯하다. 반면에 은은한 교회의 종소리는 바람을 타고 비둘기처럼 하늘로 날아 흩어진다. 이는 기독교가 조용하고 내면적인 신앙의 표현을 중시하는 것처럼 느껴진다.

가르침 역시 차이를 보여준다. 불교는 바라면 잃어버린다고 가르치지만, 기독교는 구하면 얻어진다고 가르친다. 이는 불교가 괴로움의 원인인 욕망을 소멸하고 자아의 개념을 넘어섬으로써 무념, 무상, 무아의 경지에 이를 수 있다고 가르침을 주는 데 비하여, 기독교는 기도를 통해 유일신 앞에서 자기를 고백하고 회개하며 표방해야 구원을 얻을 수 있다고 가르친다. 기독교의 가르침은 하나님과의 관계를 중요시하며 믿음과 회심을 통해 영원한 구원을 받을 수 있다는 점에서 불교와 차이가 있다.

또한, 두 종교의 성탄절과 석탄절도 그들의 차이를 나타낸다. 크리스마스는 높은 곳에 네온사인을 밝혀 반짝이는 별을 매달아 하늘의 영광을 찬미하는 축제다. 이는 예수 그리스도의 탄생을 기념하는 특별한 날로, 하늘의 영광과 은총을 강조한다. 반면에 4월 초파일 부처님 오신 날은 초롱에 연등을 달아 인간 세상이 무명에서 벗어나기를 밝히는 축제다. 이는 불교에서 부처님의 탄생을 기념하며 인간의 삶과 고통을 극복하기 위한 수행과 연등의 의미를 강조한다.

이처럼 두 종교는 여러 면에서 차이가 있지만 공통점이 없는 게 아니다. 두 종교는 모두 도덕성과 윤리적 행동을 강조한다. 예를 들어, 살인, 도둑질, 간음, 거짓말 등을 하지 말라고 가르치며, 부모를 공경하고, 남에게 사랑과 자비를 베풀고, 가난하고 외로운 사람들을 돕고 위로하는 자선을 권장한다.

두 종교는 모두 죽음 이후의 삶에 대한 믿음을 가지고 있다. 즉, 죽음은 인간 존재의 끝이 아니라 새로운 시작이라고 믿는다. 물론 구체적인 내용은 차이가 있다. 기독교는 영생주의를 강조하나, 불교는 업장 소멸로 현생의 죄닦음을 강조한다. 두 종교는 모두 기도와 묵상의 중요성을 인정한다. 기도는 신이나 부처에게 감사하거나 소원을 비는 행위이며, 묵상은 자신의 마음과 영혼을 정화하거나 깨달음을 얻기 위한 행위이다. 이 외에도 두 종교는 성인의 삶과 가르침에 대해 존경하고 배우며, 성전이나 사찰에서 예배를 드리는 등 여러 공통점을 가지고 있다. 하지만 이것들은 외적인 형식일 뿐이며, 내적인 신앙의 본질은 많은 차이점을 보인다.

이상으로 두 종교의 차이점과 공통점을 살펴보았다. 물론 이것들은 너무 간략화한 것이므로, 두 종교의 세부적인 교리나 역사적인 관계 등은 더 많은 연구와 이해가 필요하리라 본다. 나는 단지 동양적 사유와 서양적 사상의 차이를 두 종교에서 보는 듯하여 여기에 농필해 본 것이다.

그런데 어찌하여 해는 동쪽에서 떠서 서쪽으로 넘어가는 것일까? 한번 생각해 볼 일이다. 이 궤적이 신의 발길이라면 동서의 종교가 하등 차이가 없다.

AI와 일자리

AI의 등장으로 일자리 감소와 새로운 일자리 창출에 대한 논의가 커지고 있다. 많은 사람은 AI의 발전으로 자신들의 일자리가 위협받을까 불안해하고 있다. 그러나 AI는 우리 사회에 긍정적인 변화를 불러올 수 있다고 생각한다. 이미 많은 산업 분야에서 사용되고 있으며, 이에 따라 작업 효율성이 향상되고 일부 일자리는 대체되었거나 대체될 가능성이 커졌다.

요즈음 내가 실제로 이용하고 있는 인공지능 웹 사이트는 'ChatGPT 3.5' 'CLOVA X' 'Copilot'인데 기대만큼 만족스럽진 못하다. AI를 통해 구동되므로 예상하지 못한 결과나 실수가 나타나기도 한다. AI가 개발자의 역할을 완전히 대체할 수 있을까 하는 의문이 있다. AI는 이미 코드를 생성하고 재구성할 수 있지만, 새로운 코드를 창조하거나 창의적인 작업을 수행하는 데는 제한이 있다. 따라서 AI가 개발자를 완전히 대체할 가능성은 작다고 본다. 그러니 AI가 인간의 일자리를 뺏는 '노동 파괴자'가 아닌, 생산성을 높여주는 조력자라고 생각한다. 일자리 감소와 동시에 새로운 일자리 창출도 가능한 현상이다.

AI는 새로운 제품과 서비스를 개발하는 데 활용될 수 있다. 예를 들어, 최근 신한은행은 AI를 활용한 챗봇뿐 아니라 올 3월 음성뱅킹 서비스를 선보였다. 고객이 대출, 이체, 공과금 납부 등의 각종 서비스를 스마트폰으로 말하면 해당 메뉴를 이용할 수 있는 서비스다. "지난달 카드값 얼마 썼어?"라고 말하면 여러 카드사의 결제액을 알아서 합산해 답해준다. 2024년 3월부터는 서울 초등학교와 중학교에 학생들과 일대일 대화를 할 수 있는 AI 기반 영어 튜터 로봇이 도입된다는 뉴스가 나왔다.

세계경제포럼(WEF)에 따르면 AI의 도입으로 인해 일부 일자리는 사라지지만, 동시에 빅데이터 분석, 기계학습, 사이버 보안 등의 분야에서 새로운 일자리가 창출될 것으로 전망된다. 따라서 AI의 발전은 고용시장을 변화시킬 것이라는 점에 주목해야 할 것이다.

최근 챗GPT로 대표되는 생성형 AI가 인간을 대체할 것으로 보는 시각이 있는데, 이는 "공상에 가깝다"고 한다. 세계적인 미래학자 제이슨 솅커 퓨처리스트 인스티튜트 솅커 의장은 "AI가 일자리를 늘릴 순 있어도 수많은 일자리를 대체하지는 못할 것"이라며 "건설 현장에 거대 중장비가 도입된 덕분에 사람들이 훨씬 많은 일을 할 수 있고 회계에

엑셀이 사용되면서 업무 효율이 높아진 것과 같은 이치"라고 했다.

아직은 인간이 능동적인 상호작용, 창의적 사고, 공감 능력 등 다양한 면에서 AI보다 우월하다. 그러므로 AI의 발전을 위해 우리의 끊임없는 발전과 적응이 필요하다. AI가 어려워하는 인간적인 능력인 창의성, 공감, 가치 판단 등을 강화하고자 노력해야 한다. 이를 위해 예술적 활동을 추구하고 논리적인 사고력을 향상하는 교육과 훈련을 받아야 한다. 또한, 사회적 상호작용과 소통 기술을 향상하기 위해 협업 경험과 감정적인 지능을 발전시켜 사회적 문제에 대한 이해와 해결 능력을 키워야 한다.

우리는 지속적인 학습과 발전을 통해 AI의 잠재력을 최대한 활용하는 한편, AI 기술의 윤리적인 측면을 감독하고 관리하는 것도 중요하다. 인간의 가치, 도덕적 원칙, 사회적 책임을 고려하여 AI의 사용과 발전을 조절하는 일은 우리의 책임이다. AI는 인간의 복지와 발전을 위한 도구로 사용되어야 하며, 적절한 규제와 정책을 마련하여 사회적 불평등, 개인정보 보호, 윤리적인 문제 등을 고려해야 한다.

또한, 인간과 AI의 상호작용이 중요하다. 인간은 AI를 통해 반복적이고 기계적인 업무를 자동화하고, AI는 인간의 결정을 지원하고 예측력을 향상할 수 있다. 인간과 AI의 조합은 상호보완적인 관계를 형성하여 혁신과 발전을 끌어낼 수 있다.

AI의 발전은 우리의 삶과 사회에 큰 영향을 미칠 것이다. 따라서 우리는 AI의 잠재력과 한계를 알아야 하며, 계속해서 연구와 교육을 통해 AI를 효과적으로 활용하고 관리할 수 있는 능력을 갖추어야 한다. 우리는 AI를 도구로 활용하여 삶을 향상하고 사회를 발전시키는 주체가 되어야 함을 명심해야 한다. AI의 편리함과 혜택을 최대한 활용하면서도 인간의 가치와 윤리를 지키는 방향으로 나아가야 한다.

또한, AI의 발전은 새로운 직업과 일자리의 형태를 형성할 것이다. 일부 전통적인 직업들은 자동화와 AI 기술의 도입으로 변화하거나 사라질 수 있지만, 동시에 새로운 분야와 직업 기회가 열릴 것이다. 따라서 우리는 기존 기술에 대한 학습과 함께 AI와 관련된 기술과 지식을 습득하여 끊임없는 고용 가능성을 유지해야 한다. 더불어 산업과 교육 부문에서는 AI 기술을 반영한 적절한 교육과 전문성을 갖춘 인력을 양성하는 노력이 필요하다.

AI의 발전은 또한 융합 기술과 혁신을 촉진한다. AI는 의료, 교통, 에너지, 환경 등 다양한 분야에서 혁신적인 해결책을 제공할 수 있다. 새로운 문물이 도입되면 거기에 따른 순기능과 역기능은 언제나 있어 왔다. 눈부신 과학기술의 결과로 등장한 이 낯선 문물이 괴물인가, 아니면 삶을 편리하게 하는 또 하나의 이기인가는 숫제 우리들의 태도에 달려 있다. 우리는 AI와 다른 기술들의 융합을 통해 새로운 아이디어와 창의적인 접근법을 개발하고, 사회 문제의 해결과 지속 가능한 발전을 추진해야 한다.

우리는 AI의 발전과 함께 인간의 역량을 강화하고, 윤리적인 책임과 사회적 가치를 고려한 관리를 실천해야 한다. AI는 도구일 뿐이며, 우리 인간이 주체적으로 사회를 끌어 나가야 한다. 지속적인 연구, 교육, 윤리적인 방향성의 확립을 통해 우리는 AI의 발전을 지속해 끌어내며, 혁신과 발전을 위한 미래를 창조할 수 있다.

AI의 개발과 활용은 국제적인 협력과 표준화가 필요하다. AI는 국경을 넘어 연결되는 기술이기 때문에 국제적인 규칙과 표준이 필수적이다. 동시에 인간의 가치와 윤리를 중시하는 방향으로 AI를 관리하고 활용해야 한다. 이를 위해 정부, 기업, 학계, 시민사회 등 다양한 이해관계자들이 함께 참여하고 대화하는 공간을 마련해야 한다.

우리의 선택과 행동이 AI의 발전을 이끌어갈 것이다. 개인적으로도 AI 기술에 대한 이해와 학습을 지속해야 하며, 정부와 기업은 AI의 규제와 윤리적인 가이드라인을 마련해야 한다. 또한, 국제적인 협력과 표준화는 AI의 미래를 구성하는 데 중요한 역할을 할 것이다.

AI는 우리에게 혁신과 발전을 약속하는 동시에, 인간과 사회에 대한 고려와 책임을 요구한다. 우리는 지속적인 논의를 통해 AI를 잘 이해하고, 그에 따른 대응책과 정책을 만들어야 한다. 이를 통해 우리는 AI의 발전을 적극적으로 이용하면서도 더 인간 중심적이고 지속 가능한 미래를 구축할 수 있을 것이다.

금세기에 등장한 AI가 괴물인지, 문명의 이기인지는 아직 확인되지 않았다. 그러나 그 전망적 시선은 양분된다. 이제 과학은 단순히 기술력만이 아니라, 생명과 자연을 기억해야 할 것이다. 그럴 때 괴물로 둔갑할 것이라는 우려의 목소리는 사라지지 않을까?

과학자는 아니지만

　도시의 인구과잉으로 인한 여러 가지 문제와 오존층의 파괴와 온난화로 인한 환경-생태적인 위협은 20세기 후반을 '환경의 세기'로 만들었다. 서구형 근대화는 곧 산업화다. 이 거센 파도가 전 세계로 확산하던 1950년대 연이어 불거져 나온 환경 참사는 당시의 민족과 민족, 인종간의 분쟁 및 삶의 질에 관한 근본적인 물음과 결합해 생태 패러다임을 도래케 했다.

　2023년 1월부터 9월까지 전 지구적으로 어마어마한 기후변화 피해가 있었다. 엄청난 폭우로 인한 홍수는 눈앞에서 사람이 떠내려가다가도 손을 쓸 수 없었고, 작은 불씨로 시작된 산불은 지구를 붉게 물들일 정도로 거침없이 타올랐다. 이제 기후변화 피해는 인간이 통제할 수 없는 수준이 되었기에, 이 모든 문제의 핵심인 온실가스를 줄이고 피해를 줄이기 위한 해법을 찾아야 하는 것이다.

지구가 앓고 있다. 땅과 바다 어디를 가나 기후 위기와 맞닥뜨리고 있어 앓는 소리 끊이질 않는다. 남극과 북극에서 냉온이 반전되고 산불과 가뭄과 홍수가 수없이 일어나 21세기를 위협하고 있다. 빙하가 한없이 녹아내리고 해수면 열기가 부글거린다. 신이 창조한 자연을 과학 문명 기술이 도를 넘어 동과 서, 부와 빈을 가리지 않고 고단한 삶이다. 하지만 벗어날 길 요원하다. 뿌린 대로 거둔다는 하늘의 법칙이 두렵다. 정녕 지구의 종말이 다가오는가?

16세기 프랑스의 대예언가 노스트라다무스는 금세를 예언했다. 놀랍게도 히틀러의 출현, 911테러 등으로 확인된 바 있는 그의 유명한 미래 예언은 참으로 불길하다. 혜성의 충돌, 지구온난화로 인한 각종 재해, 인간이 아닌 인간의 등장(인공지능을 이렇게 말했다.) 등 먼 거리가 아닌 가까운 곳에서 느낄 수 있는 종말론적 인식을 그는 이미 오백 년 전에 예언했다. 예언은 어디까지나 예언이고, 현실적 렌즈로 들여다봐도 미래가 불안하긴 마찬가지다.

과학자는 아니지만 백 년 후에는 우리 인류가 어떻게 될지 생각해 볼 때가 있다. 어느 과학자의 말에 의하면 사실 그런 얘기를 하기 어려운 분기점에 살고 있다고 한다. 장밋빛 미래, 모든 기술이 발전하고 핵융합도 상용화되고 다른 행성이나 별로 진출할 수 있는 첨단 과학이 발전된 행복한 미래나 반대로 우리가 마주한 기후 위기 같은 불안한 문제들을 결국 해결하지 못해서 세계 종말을 주제로 하는 장르(포스트 아포칼립스)로 가는 중요한 분기점에 살고 있다는 것이다.

진짜 한끗 차이로 우리가 기대하는 멋진 미래 기술의 미래로 갈지, 아니면 더 살기 어려워지고 자원도 고갈된 암울한 미래로 갈지 두 가지 모두 가능하지만 놀랍게도 지금이 그 가지가 갈라지는 분기점이라고 생각한다.

몇 가지 이유 때문이다. 인공지능(AI)의 출현으로 인한 미래적 상황을 모른다. 정말이지 문명의 편리한 이기가 될지, 인간을 위협하는 또 하나의 괴물일지는 예측할 수 없다.

다음으로는 이상기후 현상이다. 올해도 벚꽃이 일찍 피질 않나, 시월 말인데도 남녘 어디에서는 개나리가 피었다고 한다. 그러면 우리가 이제 알게 모르게 지구 기후가 실제로 변하고 있고 그것 때문에 생태계도 반응하고 있는 걸 불안한 시선으로 목격할 수 있다. 교과서 속의 구호처럼 기후가 변하고 있다. '지구가 아파요'가 이제 현실로 되었다.

이제 지구는 몸살을 앓으며 몸을 뒤적거리면서 살해되고 있다. 지구는 사형수다. 무슨 일이든지 반대급부가 있는 법, 죽어가는 지구는 반드시 인간에게 어떤 반작용을 가할 것이다. 그건 결국 인간 살해다. 실로 끔찍한 미래가 저벅저벅 걸어오고 있는데 우리는 한 뙈기의 땅에 돈만 심고 있다. 개도 물어가지 않는다는 돈, 밑씻개로도 쓸 수 없는 돈이 세상을 뭉개버린다. 참 폭폭할 일이다.

기온 상승은 단순히 덥고 마는 문제가 아니다. 환경부에 따르면 전 세계 평균기온이 2도 오를 때 15~40%의 북극 생물이 멸종위기에 처한다. 3도 오르면 전체 생물의 20~50%가 멸종될 수 있고, 5도 오르면 해수면이 높아져 미국 뉴욕과 영국 런던 같은 대도시들이 바닷물에 잠긴다. 6도 오르면 모든 생명체의 '대멸종'이 시작된다. 최근 국내 폭우와 해외 폭염, 가뭄과 산불 같은 극한 현상도 기후변화가 원인으로 지목된다.

지구가 망가져 가고 있지만 동시에 우리가 다시 한번 달에 가겠다고 아르테미스 미션 준비하고 있고 화성에도 목표를 삼는 등 우주에로의 욕망은 지속되고 있다. 미래가 불투명하고 불안정하기 때문에 지구 엑소도스를 꾀하는 것인지 어쩌는지는 알 수 없다. 하지만 지구파괴, 우주개발이라는 난센스임은 말할 나위 없다. 살고 있는 집이냐, 이미 부서져 가는 집을 내팽개치고 다른 집을 염탐할 것이냐, 바로 이것이 앞서 말한 분기점이다.

솔직한 심정으로 나는 아직 지구의 몰락을 피부로 느끼지 못한다. 그런다고 딴 나라 이야기라고 치부하지도 않는다. 이 또한 지나가겠지 혹은 별다른 현상이 불거졌다는 안이한 마음이 들 때가 종종 있다. 해서, 종말이네, 지구몰락이네 하는 말이 믿기지 않는다. 하지만 기후가 수상하다는 거, 그리고 식물번식의 필수적인 곤충인 벌이 사라져가고 있다는 거. 이런 생각을 밀고 나가면 아차! 하는 두려움이 가슴을 친다.

그러나 생물의 몸처럼 지구도 항존성의 원리가 지배할 것이다.

비면 채우고, 넘치면 덜어내는…. 이런 논리를 따라가면, 지구가 기우뚱해진 건 사실이나 지구의 자정력과 항존성을 믿는다. 이것은 비겁한 현실 도피적 낭만일까?

    날이 추워지자 공회전하는 자동차가 많아졌다. 차들이 배출한 것들을 결국 지구가 먹게 되고 그리되면, 결국 우리가 먹는다. 그러면?

다산의 사랑

 다산 정약용 선생은 많은 사람이 존경하는 역사 인물이다. 유네스코 세계 기념 인물이다. 개인적으로도 경모하는 분이다. 지난 주말 마침 문화답사 모임에서 강진에 있는 다산박물관을 관람하러 간다고 하여 열 일 제쳐 놓고 따라갔다. 박물관에는 다산 정약용의 출생부터 성장, 관직 생활, 유배 생활, 귀양 해제 이후의 저술 활동 등 다산의 삶을 시기별로 나누어 살펴볼 수 있도록 전시되어 있었다.

 박물관 한 코너에서 하피첩과 매화병제도를 보았다. 하피첩은 1806년, 부인 홍 씨가 남편을 그리워하며 보내온 치마를 정성스레 잘라 두 아들 학연과 학유에게 훈계의 내용을 적어 엮은 서첩이고 매화병매도는 시집가는 딸에게 그려 준 그림이다. 두 자료에서 남편, 아버지로서 가족에 대한 사랑 등 다산의 인간적인 면을 볼 수 있었다.

  관람을 마치고 출구로 나가려고 하는데 정찬주의 장편소설 『다산의 사랑』이 창구에 진열되어 있어 호기심이 갔다. 그러잖아도 다산이 유배지에서 사랑한 여인이 누구일까 궁금하던 차에 그 책을 구입해서 읽어볼까, 하고 직원에게 물어보니 전시용이라고 한다.

  할 수 없이 집으로 돌아와 바로 인터넷 주문을 통해 배달받았다. 책을 펼쳐 보았다. 다산의 여인들 얘기가 서사시처럼 쓰여 있지 않은가. 과부가 된 여인이 남당포 술청에서 허드렛일하며 살다가 다산을 만났다는 이야기, 제자들의 청으로 초당 동암으로 올라가 초당 살림을 맡았다가 다산과의 사이에서 딸 홍임을 낳았다는 대목이 무척 흥미로웠다. 특히 다산이 반신마비가 왔을 때 여인은 조석으로 차를 끓여 병시중했다는 이야기를 읽을 때는 가슴이 뭉클했다. 여인의 정성스러운 차가 없었더라면 다산의 눈부신 저술 작업도 가능하지 못했을 것이기 때문이다.

  소설 속에 그려진 홍임 모의 일생은 이러하다. 강진으로 유배된 다산은 동문 밖 밥집 노파를 통해서 자신을 돌아보고 지난날의 교만을 버린다. 초당으로 가서는 본연의 선비로 돌아가 강학을 열고 밭뙈기를 일구며 농부들의 수고를 경험한다. 그러던 중에 다산은 남당포 여인을 동암에 들였고 홍임이라는 딸을 얻는다. 초로의 나이에 늦둥이를 보았으니 얼마나 사랑스러웠을까. 훗날 홍임에게 주려고 꽃핀 고매에 새 한 마리가 나는 그림을 그려둔다. 한때 다산은 유배 생활의 후유증으로 반신마비가 와 절망했다. 그러나 홍임 모가 날마다 차로 병시중을 하여 다산이 다시 집필할 수 있게 해준다.

마침내 다산은 귀양 해제가 되어 고향인 경기도 마재로 간다. 뒤에 홍임 모와 홍임이도 마재로 갔지만 곧 초당으로 돌아오고 만다. 초당과 마재의 공기는 견디지 못할 만큼 달랐다. 그래도 다산은 생이별을 감내할 뿐이다. 마재의 아내와 가족들도 신산하기는 마찬가지. 다산은 홍임 모가 덖어 올리는 햇차로 그녀의 외로운 살림살이를 짐작할 뿐, 몇 해가 지나 그마저도 아득해지자 희미한 미소를 지으며 눈을 감는다.

물론 그림자의 삶으로 울었던 이가 홍임 모만은 아니다. 어린 딸 홍임은 20세가 넘어 '아버지는 세상의 모든 빛을 가지려고 살았지만, 나는 세상의 모든 것을 버리며 살겠다'고 백련사에서 머리 깎고 출가를 해버린다.

마재의 아내 홍씨 부인도 안타깝기는 닮은꼴이다. 다산이 강진에서 18년 유배 생활을 했다면 아내 역시 마재에서 18년 유배 생활을 한 셈이었으니까. 그런 아내가 시집올 때 입고 온 붉은 치마를 다산에게 보낸다. 초당에 소실 홍임 모가 있음을 알고 자신을 잊지 말라며 붉은 치마를 보냈던 것이 아닐까. 그런데 다산은 아내의 마음도 모르고 가위로 잘라 두 아들에게 주는 글을 써 보낸다. 자식에게 훈계하는 하피첩霞帔帖이다. 사람들은 이 서첩을 두고 다산의 자식 사랑을 흠모하지만, 아내인 홍씨 부인의 가슴에 번진 피멍은 모른다.

이 소설은 한마디로 한 인간이자 한 사내였던 정약용이 사랑했던 여인과 제자들에 대한 얘기다. 우리가 몰랐던 인간 정약용의 따뜻한 슬픔이 잘 묘사되어 있다. 한 여인을 마음에 품어버린 엄격한 선비의 내밀한 속내뿐 아니라 한 사내를 향해 모든 것을 내어준 비천한 여인의 숨죽인 사랑과 남편의 마음을 붙잡고픈 사대부 여인의 애틋한 심경이 작가의 특유한 필치로 잘 묘사되어 있다. 또한 절제된 감성으로 아름답게 빛나는 장면들은 역사의 행간을 넘나들며 가슴을 저릿하게 한다. 그런데 하피첩까지 몇 년 전에 발견되었으니 당연히 안팎으로 매우 모범적인 인물로 묘사할 수밖에 없었으리라.

실제로 정약용은 여인들에게 휘둘린 한량은 아니다. 그는 본처와의 사이에서 6남 3녀를 뒀는데, 이 중 4남 2녀가 3세 이전에 죽었다고 한다. 막내가 죽은 것은 1802년. 포항 장기에서 유배 중이었다가 문초를 받고자 한양으로 압송된 후 다시 유배에 처했을 때였다고 한다.

와중에 홀로 자식을 잃은 아내를 염려하며 아들에게 아내를 부탁하는 편지를 보냈다고 하는데, 내 아내 그리고 너의 어머니가 아닌 '자식을 잃은 그 어미'라는 사실을 강조하며 부탁할 정도로 아내를 향한 사랑이 매우 지극했던 것으로 알고 있다.

때때로 자식들에게 편지로 삶과 관련된 것을 당부하기도 하고,

시집가는 딸에게 매조도를 그려줄 정도로 인자한 아버지로도 많이 알려져 있다. 하피첩도 그중 하나다.

  그럼에도 정약용이 사랑한 여인은 누구였을까 궁금하지 않을 수 없다.

성서는 문학인가

　성서는 문학으로 보아도 위대한 책이다. 한 문학이요, 그 가운데 훌륭하고 고귀한 문장이 수두룩하다. 또한 비유와 상징이 뛰어나다. 그래서 예수를 스타일리스트, 즉 문체론자라고도 한다. 셰익스피어를 비롯하여 웬만한 서양 문학은 거의 다 성서의 감화·영향을 받지 않은 문학이 별로 없다고 해도 과언이 아니다. 문학의 뿌리가 성서라고 할까.
　대개 원시적으로 보아서 모든 예술이 종교와 그 발원을 같이하여 처음에는 서로 분간할 수 없지마는 그중에도 문학과 종교는 둘이 아니요, 하나였다고 볼 수 있는 것이다. 신앙과 기도의 문학적 표현이 혹은 시가도 되고 소설이나 극도 되고 그밖에 전설로 서간문으로 기타 산문으로 분화되었다. 이 의미로 보아서 성서나 불경이나 기타 종교 문헌은 거의 다 큰 문학, 즉 문학의 조상이라 볼 수 있다.

이것을 뒤집어서 말하면 무릇 위대하고 진실한 문학은 또한 종교와 신앙의 향기요 빛이라고 볼 수 있다. 말하자면 종교 경전처럼 믿음의 체계가 곧 위대한 문학인 셈이다.

직접 종교가나 성서의 작품이 아니라 하더라도 옛날부터 줄곧 값있고 위대한 작가의 저작을 깊이 감상하면 반드시 종교의 빛과 향기가 있는 것이니 그것은 문학이나 종교가 그 기조와 핵심에 공통성을 지니는 까닭이다.

다른 사람은 어쩐지 몰라도, 어쨌든지 나는 글쓰기 활동에 있어서 신앙생활에 못지않을 만큼 그리고 다른 어떠한 문학보다도 신·구약성서에서 더욱 많이 가르침과 깊은 영향을 받았다고 생각한다. 이것은 나뿐 아니라 적지 않은 사람들이 동의하리라 믿는다. 많은 사람이 같은 경험을 가진 이가 있을 줄 믿는다.

"공중에 나는 새를 보라. 심지도 않고 거두지 않고 창공에 모아들이지도 아니하되 너희 하늘 아버지께서 기르시나니… 들에 백합화가 어떻게 자라는가 생각하여 보라. 수고도 아니하고 길쌈도 아니 하느니라. 그러나 내가 너희에게 말하노니 솔로몬의 모든 영광으로도 입은 것이 이 꽃 하나만 같지 못하였느니라. 오늘 있다가 내일 아궁이에 던져지는 들풀도 하나님이 이렇게 입히시거늘 하물며 너희일까 보냐." 〈마태복음 6:26-30〉

"나의 사랑, 내 어여쁜 자야 일어나서 함께 가자. 겨울도 지나고 비도 그쳤고 지면에는 꽃이 피고 새가 노래할 때가 이르렀는데 비둘기의 소리가 우리 땅에 들리는구나. 무화과나무에는 푸른 열매가 익었고 포도나무는 꽃을 피워 향기를 토하는구나. 나의 사랑, 나의 어여쁜 자야 일어나서 함께 가자." 〈아가 3:10-13〉

이러한 말씀은 종교적 진리나 교훈으로 뿐만 아니라, 아름다운 표현과 문장으로서 내가 젊어서부터 깊은 인상을 가지고 나의 글쓰기 활동에 큰 영향을 주고 있다.

예수는 붓을 들어 글을 쓰신 일이 없다. 있다면 한번! 유대인 종교가들이 어떤 음행한 여인을 붙들고 와서 "모세는 율법에 이러한 여자를 돌로 치라 명하였거니와 선생은 어떻게 말하겠나이까?" 물을 때에 "너희 중에 죄 없는 자가 먼저 돌로 치라." 하신 일이 있는데, 그 말씀 하시기 전에 손가락으로 글씨를 쓰신 일이 있지만 그때 무슨 글을 쓰셨는지 모르겠고 그 밖에는 글을 쓰셨다는 기록이 없다. 그러나 그때 그의 입에서 나온 말씀은 우리네가 모방도 할 수 없는 훌륭한 시구와 문장이 나온 것이다.

앞서 위에 인용한 '공중에 나는 새를 보라'의 한마디가 벌써 깊은 진리가 있고 끝없는 여운이 있는 시가 아닐까. 또 "여우도 굴이 있고 공중에 나는 새도 거처가 있으되, 인자는 머리 둘 곳이 없다." 하신 말씀도 보통 사람이 흉내 낼 수 없는 시구라 할 수 있다. 또한 유명한

산상보훈의 "마음이 가난한 자는 복이 있나니"로 시작된 아홉 가지 복에 대한 교훈도 그 생각으로 보나 표현으로 보나 위대한 시이다.

그의 말씀 가운데 "누구든지 제 목숨을 구원하고자 하면 잃을 것이요, 누구든지 나를 위하여 제 목숨을 잃으면 구원하리라. 사람이 만일 온 천하를 얻고도 자기를 잃든지 빼앗기든지 하면 무엇이 유익하리오."의 교훈이나 그밖에 비유의 형식으로 된 말씀이나 거의 전부가 귀한 문장이 아닌 것이 없다. 그중에서도 열 처녀의 비유, 진주 비유, 양 백 마리라든지 강도를 만난 사람과 선한 사마리아 사람 이야기나 방탕한 아들 이야기들을 어찌 이솝의 우화나 톨스토이의 민화에 비하겠는가.

구약에서 가장 대표적인 글만 들어본다고 하더라도 여기에 이루다 적을 수 없다. 시편 1편, 23편, 37편, 42편 등이 다 인류의 문학사에 빛나는 문학이지만, 그중에서도 51편 같은 것은 참회 문학으로 세계 문학사상 근본을 이루고 있다 해도 과언이 아니다.

"내가 죄악 중에 출생하였음이여 어머니가 죄 중에서 나를 잉태하였나이다. 보소서 주께서는 중심에 진실함을 원하시오니 내게 지혜를 은밀히 가르치시리이다. 우슬초로 나를 정결하게 하소서. 내가 정하리이다. 나의 죄를 씻어 주소서. 내가 눈보다 희리이다. 네게 즐겁고 기쁜 소리를 들려 주사 주께서 꺾으신 뼈들도 즐거워하게 하소서. 주의 얼굴을 내 죄에서 돌이키시고 내 모든 죄악을 지워 주소서. 하나님이여 내 속에 정한 마음을 창조하게 하시고 내 안에

정직한 영을 새롭게 하소서."

  그리고 고통 문학으로 최고, 최대의 지위를 점유하고 있는 작자 미상의 욥기 같은 것은 진실로 만고불후의 가치가 있는 것이다. 다른 것은 다 덮어두고라도 주인공 욥의 심각한 고통을 드러내는데 그 많은 재산과 온갖 소유물을 빼앗기고 그 자녀를 전부 빼앗기고 나중에는 건강을 빼앗기고 악창이 나서 동네 밖으로 쫓겨나서 잿더미에 앉아 기왓장으로 몸을 긁고 있을 때 가장 그를 동정하고 위로해주어야 할 아내가 그의 신앙을 비웃고 저주하여 그 마음을 아프게 한 것 같은 것은 근대 희곡에서 볼 수 없는 것이다.

  그리고 문제는 '참사랑의 승리'라고 할만한 시극인 아가雅歌도 위에서 한 구절을 이미 소개하였거나 시골 처녀 술람미가 솔로몬왕에게 붙들려서 왕궁에 와있는데 궁녀들은 솔로몬의 사랑을 극구 찬양하고, 그 마음을 시골 목자에게서 떠나서 왕에게 향하게 하려고 할 적에 그의 대답을 보라.

  "나는 사론의 수선화요 골짜기의 백합화로다. 여자 중에 내 사랑은 가시나무 가운데 백합화 같도다. 남자 중에 나의 사랑하는 자는 수풀 가운데 사과나무 같구나. 내가 그 그늘에 앉아서 심히 기뻐하였고 그 열매는 내 입에 달았도다. 그가 나를 인도하여 잔칫집에 들어갔으니 그 사랑은 내 위에 깃발이로구나. 너희는 건포도로 내 힘을 돕고 사과로 나를 시원하게 하라."

  그는 여전히 고향에 남아있는 옛 애인의 사랑을 간절히 사모하고 있다. 궁녀들의 비웃고 조롱하는 말도 못 들은 체하고 자기의 애타는 가슴을 하소연하는 말이라든지. 그중에도 제2막이라고 할만한 2장 8절, 9절에 그 애인 목자가 찾아온 광경을 그린

"내 사랑하는 자의 목소리로구나. 보라. 그 산에서 달리고 작은 산을 빨리 넘어오는구나. 내 사랑하는 자는 노루와도 같고 어린 사슴과도 같아서 우리 벽 뒤에 서서 창으로 들여다보며 창살 틈으로 엿보는구나." 이러한 장구라든지 이 아가의 주요 시문이요 구절이라 할 만한 "사랑은 죽음 같이 강하고"라는 구절은 과연 원제목 중에 '노래 중에 가장 찬양할 가치가 있는 최상급의 노래'라 한 것이 수긍할 만도 하다.

또 나를 버리고, 자식을 버리고, 달아나는 음분한 아내가 나가는 뒷모습을 보고 애끓고 못 잊어 하는 남편의 심정을 묘사한 호세아서 같은 것은 소설을 쓴다는 이는 반드시 읽을만한 것이다.

성서는 담긴 말씀만 주옥인 게 아니다. 언어 표현에서도 탁월한 문학적 의장을 보여준다. 성서는 문학이다. 아니, 문학 그 이전 탄생의 고향이다.

우주의 크기를 알아보니

우주의 비밀은 끝이 없다. 은하와 블랙홀 연구의 세계적 권위자 이석영 교수의 '빅뱅 우주론 강의'에 의하면 이 모든 것이 팽창의 산물이다. 광대한 우주 137억 년의 과정에서 태어난 우리는 우주가 만든 최고의 걸작이다. 우주의 스타는 바로 우리다. 우주의 존재 이유가 우리의 존재 이유다.

그럼에도 불구하고 1,000억 개의 은하 중 하나인 우리 은하, 우리 은하에 있는 1,000억 개 가운데 한 별인 태양, 태양의 주위를 도는 행성의 하나인 지구, 이 속에서 사는 80억 명의 하나인 나의 존재가 얼마나 미세한 존재인가? 그야말로 무량대수無量大數 분의 1 같은 존재다.

정용석 경희대 교수는 과학자 입장에서 '나는 이미 기적이다.'라는 주제로 강의하면서 생명을 지닌 인간이 되는 것은 기적이라고 하였다. 무질서에서 질서를 만들어 주는 힘이 바로 생명력인데, 원자와 원자가 만나서 물질이 되고, 물질과 물질이 시간이 지나면서 결합하고 질서를 가지게 되면서 단세포 생물, 나아가 인간이 되는데 이것이 바로 기적이라고 한다. 한 인간의 세포는 약 60조 개이며 DNA 길이를 모두 더하면 태양계의 지름과 비슷하다고 한다.

밤하늘을 바라보면 별들이 모래 알갱이처럼 셀 수 없이 많다. 우리는 모두 우주라는 공간 속에서 태양계의 지구라는 행성에 살고 있다. 그런데 우주의 엄청난 크기와 이 지구가 얼마나 작은지 알 수 있을까? '우주의 크기를 실감하게 비교하며 느껴 보기'라는 유튜브 방송을 시청해 보며 알아보았다.

일단 우리와 가장 가까운 천체인 달을 본다. 가장 가깝다고 하는 달도 현실적으로는 그리 가깝지 않다. 38만km나 떨어져 있는데 만약 지구에서 달까지 자동차로 달릴 수 있다면, 시속 100km로 운전해서 160일이나 걸리는 거리이다. 우리가 극한의 속도를 표현할 때 '빛의 속도'라는 표현을 자주 쓰는데 빛은 1초 만에 지구를 일곱 바퀴 반이나 돌 정도로 상상을 초월하는 속력을 가지고 있다. 만약 자동차 속도 시속 100km로 지구에서 태양까지 달릴 수 있다면 170년이나 걸린다. 이렇게 아득한 거리를 빛은 겨우 8분 19초 만에 주파해 버린다.

빛이 출발해서 1년 동안에 진행할 수 있는 거리를 1광년이라고 한다. 그렇다면 이 엄청난 속도의 빛이 1년 동안에 진행할 수 있는 거리는 얼마나 될까? 9조 460억km이다. 1광년만 해도 감히 인간이 상상할 수 없는 거리이다.

이제 달보다 더 먼 거리에 있는 행성을 본다. 태양 둘레를 돌고 있는 행성 중에 지구보다 바깥에서 도는 외행성들은 화성, 목성, 토성, 천왕성, 명왕성이다. 태양계 행성 중에 가장 바깥을 도는 해왕성의 궤도까지 거리는 49억km나 된다. 빛의 속도로 달려도 4시간이나 걸리는 거리다. 자동차 속도 시속 100km로 달린다면 5천 년이 걸린다.

이제 해왕성의 궤도를 벗어나서 약 79억km까지의 영역을 카이퍼 벨트라고 하는데 이 영역에는 소행성들이 있다. 빛의 속도로 7시간. 자동차 속도 시속 100km로 8천 5백 년 걸리는 거리다. 여기서 더 나아가 180억km의 이 영역을 태양권계면이라고 부르고, 빛의 속도로 16시간이 걸리는 거리다. 이 영역을 벗어나면 오르트 구름이라는 광활한 영역이 펼쳐지는데, 빛의 속도로 1년을 진행하는 거리, 즉 1광년 정도까지의 영역이다.

우주의 크기가 이처럼 광대하다니 그저 놀랍기만 할 뿐이다. 잠깐 마음을 가다듬고 생각의 끈을 붙들었다. 광대무변한 우주 속의 나는 먼지 같은 존재인 것을 깨달았다. 우주의 모든 존재가 신비하고 경이롭게 다가왔다. 데카르트의 '나는 생각한다. 고로 나는 존재한다.'는 명제가 떠올랐다. 생각하고 있는 내 자체가 신비였고 작은 우주였다. 하기야 티끌 하나에 광대한 우주가 들어 있다는 말이 있듯이, 극대는 극소와 큰 차이가 없다. 작은 것이 크고 큰 것이 되레 작다. 코로나 사태를 지긋지긋 겪으면서 다 경험한 일이 아니던가? 그러니 덩치에 야코가 죽을 필요는 없다. 오히려 작다고 무시하면 정말이지 큰코다친다.

제5부

둥구나무 아래서

둥구나무 아래서

　창밖을 보니 연둣빛 햇살이 눈부시게 나부끼고 있다. 이런 날엔 커다란 나무 그늘에 앉아 책을 보다가 살포시 잠에 빠져들면 좋을 것 같다. 고향 마을 들머리의 정자나무가 생각났다. 새로 산 책을 들고 문밖을 나서 곧장 고향으로 향했다. 둥구나무를 찾아갔다. 당산나무라고도 하는 둥구나무는 마을의 수호신이다. 딱히 종교적 의미보다도 이 나무를 아침저녁으로 보는 마을 사람들은 수백 년 이상 살아온 이 우람한 느티나무가 왠지 자신들을 보호할 것만 같은 생각이 들었기 때문이다. 나무 그늘을 차지한 평상에 누워 나뭇잎이 쏟아 내는 따스한 초록빛과 간질이는 바람을 맞으며 낮잠을 즐겼다. 나무의 푸른 기운이 들어왔는지, 잠은 달콤했다. 난데없이 새가 우는 바람에 눈을 떴다. 이 좋은 날, 잠이나 퍼질러 잘 순 없지. 식물학자 자크 타상이 지은 『나무처럼 생각하기』를 읽었다.

저자는 자연의 질서 속에서 나무처럼 살아가는 방법을 제시하면서 시종일관 나무의 말에 귀 기울이라고 이야기했는데 "우리의 몸과 마음에는 나무의 흔적이 고스란히 남아 있다."는 말이 솔깃하게 눈에 들어왔다.

책을 덮고 나서 저자의 말대로 나무 허리에 팔 두르고 귀 모으니 '그래, 잘 왔다. 여기까지 오느라 애썼다.' 말없이 위로를 건네는 것 같았다. 살며시 눈을 감고 나무에 기대고 있으니, 나무가 뿜어내는 영검함이 나에게 전해지는 것 같았다. 나무와 나, 둘 사이에 텔레파시가 통하기라도 한 걸까? 얼토당토않은 일이었지만 어떤 묘한 기운이 우리를 하나로 이어준 것 같은 신비감을 느꼈다.

둥구나무도 밤낮으로 느꼈을 하늘과 구름, 소나기와 뇌성, 새소리와 꽃향기, 산 너머로 사라지던 까치노을의 기억이 떠올랐다. 잠시 눈을 감았다. 어린 시절 동네 친구들과 나무 아래서 놀던 광경이 펼쳐졌다.

마을의 역사와 함께해 오며 수백 년 동안 갖은 풍상을 겪어 나온 고목이다. 이 노거수는 할머니, 할아버지처럼 동네 아이들이 살냄새, 땀냄새 묻히며 제 몸에 올라가고 매달리고 부딪치고 발길질해도 말없이 온몸으로 받아 주었다.

그럴 뿐만 아니라, 비, 바람, 천둥, 번개, 별들의 기척과 함박눈 내리는 밤의 등잔 불빛, 상여 나가는 소리며, 정화수 받쳐 들고 집안의 대소사를 빌던 새벽 여인네 마음마저 껴안고 다독여 주었으리라.

  수십 년 전에만 해도 정월 초순 때면 둥구나무 아래서 마을 어른들이 북, 장구, 징, 꽹과리 등 풍물을 치면서 둥글게 노래하고 둥글게 춤추며 둥글게 신명 난 놀이판을 벌였다. 그때마다 둥글게 모인 구경꾼들은 어깨춤을 추며 엉덩이를 들썩거렸다. 둥구나무 주위로 둥그렇게 앉고 서서 풍물을 돌리며 둥근 소리를 피워올렸다. 올해도 풍년이고 집집마다 좋은 일이 있기를 축원하오이다. 하늘에 뜬 새해 첫 둥근달을 보며, 그저 매사가 뜻한 대로 만월처럼 훤하기를 사람들은 비손했다. 그리고 윗마을 아랫마을 할 것없이 죄다 모여 줄다리기, 기싸움놀이를 즐기며 대동의 정을 둥구나무에 고했다. 그리고는 그 정표라도 되듯이 줄을 나무 밑동에 감아 놓기도 했다.

  단오가 가까워지면 동네 어른들이 나무에 밧줄을 걸어 그네를 매어 주었고 그러면 동네 처자들은 춘향이라도 된 양 치마를 펄럭이며 하늘로 올랐다. 겁이 많은 나는 항상 뒷전에서 구경만 할 따름이었다. 그게 안쓰러워 보였는지 어느 날 누나가 나를 그네에 앉혀놓고 등 뒤에서 살살 밀어주기를 여러 번 하였다. 차츰 마음이 담대해져서 혼자 그네를 타기 시작했다. 세상이 기우뚱해지더니 갑자기 곤두박질쳤다. 나는 양손으로 그넷줄을 꼭 잡고 눈을 지그시 감았으나 어지럼증은 가시지 않았다. 지금도 정자나무를 보면 그 옛날 그네를 밀어주던 누나의 모습이 무지개처럼 떠오른다.

  매미 소리가 물소리처럼 쏟아지는 한여름이 되면 둥구나무의 무성한 이파리는 집채만한 그늘을 만들었고 아이들은 나무 그늘 밑으로 모여들었다. 또래끼리 고누두기를 하거나 땅뺏기 놀이를 하며 놀았다. 땅뺏기 놀이는 남녀 아이들 모두가 즐기는 놀이지만 손가락에 알맞은 힘을 조절해야 하는 섬세한 놀이라서 여자아이들이 더 좋아하는 편이었다.

또한 손바닥을 뒤집었다 폈다 하면서 편을 나눠 동글동글한 돌멩이를 던졌다 받았다 하는 공기놀이도 추억의 한조각을 이룬다. 나무 그늘에 친구들과 삼삼오오 앉아 동그랗게 얼굴 맞대고 일단, 이단, 삼단, 사단, 고추장 하며 땅바닥에 검지로 곤지를 찍고 손등에 돌 다섯 개가 전부 오르면 세상을 다 가진 듯 환호성을 질렀다.

그때 그 시절 둥구나무 아래서 즐겼던 놀이는 나를 동심으로 이끌어 주는 끈이었고 지금까지 아름다운 기억으로 남아 어렵고 힘든 일이 있을 때마다 정서적인 치유의 역할까지 해주고 있다.

지금은 고향의 모습이 많이 변했다. 농촌인구의 감소로 인적이 드물다. 둥구나무의 그네는 흔적도 없이 사라지고 타는 사람도 없다. 고누두기와 땅뺏기 놀이, 공기놀이하는 어린이들도 별로 눈에 띄지 않는다. 오직 둥구나무만 고태를 그대로 유지하며 마을 사람들에게 좋은 쉼터를 내주고 있다.

봄이 되면 연록의 고운 새순을 올리고, 여름이 되면 가지마다 녹음을 더 해 시원한 그늘을 만들어 주고, 가을이 되면 고운 단풍으로 계절의 깊이를 더하다가, 눈 내리는 겨울에는 가지 위에 흰 눈꽃을 피워 아름다운 풍경을 선사해 주고 있다.

  오랜 세월 동안 한 자리를 지키며 자라 온 마을을 넉넉하게 품으며 굽어보는 둥구나무는 그 존재만으로도 뭔가 든든함을 준다. 그래서 둥구나무는 단순한 자연 물질만은 아니다. 그건 정신적 의지처이며 자기다짐의 대상이기도 하다. 또한 지워진 추억을 회억할 수 있는 기억의 인출기이기도 한 셈이다. 앞으로도 전설과 신화를 지닌 시간과 역사의 관리자로서 마을 지킴이 구실을 다하며 고향을 찾는 사람들을 껴안고 다독여 주면 좋겠다.

그래도 즐거웠던 시절

　날씨가 무장 더워만 간다. 마침 서울 사는 친구가 설경 사진을 보내왔다. 눈이 쌓인 산과 계곡의 아름다운 경치가 볼수록 시원스럽고 아름답다. 마음조차 깨끗해지는 듯하다. 아, 그러고 보니, 지난 겨울 눈다운 눈이 내리는 걸 보지 못했다. 요 몇 년 동안, 겨울은 어정쩡 와서는 슬그머니 가버렸다.
　내가 어릴 적만 해도 겨울은 눈으로 시작되었다. 한겨울이 되면 어찌나 눈이 많이 내렸던지. 한번 왔다 하면 무작스럽게 내려 이웃집과 서로 오가기 힘들 때가 많았다. 온 천지가 하얗고 밤새 내린 눈을 치울 사이도 없이 눈은 하염없이 내리고 또 내렸다. 게다가 날씨는 얼마나 차갑고 추웠던지 손이 곱아, 잘 펴지지 않았다. 문풍지 사이로 황소바람은 술술, 문고리는 왈강달강, 반갑지 않은 동장군이 극성을 부렸다. 엄동설한으로 표상되어 온 그때의 겨울나기는 너나없이 모두가 힘들고 견디기 어려웠다.

　하지만 그 어려웠던 유년 시절이 오히려 아름다웠다고 추억되는 건 웬일일까. 철모르던 그 시절 흰 눈이 내리는 날이면 얼마나 설렜던가. 온통 흰 설원! 상상만 하여도 가슴이 두근거린다. 추운 날씨도 아랑곳하지 않고 밖으로 내달렸던 어린 날이 알록달록 떠오른다.

　어린 시절, 눈보라를 동반한 강추위로 앞들의 무논이 꽁꽁 얼어붙으면 나는 손등이 터지는 줄도 모르고 얼음지치기를 했다. 그때는 놀잇감을 직접 손으로 만들어 썼다. 나만 그랬던 것이 아니고 또래들 거의 그랬다. 썰매와 스케이트의 날을 잘 미끄러지게 하려면 좀 굵은 철사가 있어야 했는데 그때만 해도 그런 철사가 귀했다. 개구쟁이 친구들과 나는 쓸 만한 쇠 도막을 구하기 위해서 동네방네 뒤지고 다녔다. 심지어 창문 레일이나 담뱃잎을 엮어 거는 철사를 몰래 잘라다 쓰는 친구도 있었다. 그토록 애써 만든 썰매와 스케이트였기에 보물처럼 간수하고 얼음을 지칠 때마다 요긴하게 사용하였다.

　얼음을 지치러 갈 때면 으레 팽이도 챙겼다. 추위에도 아랑곳없이 팽이를 치는 재미에 쏙 빠져 밥때를 놓치기도 했다. 팽이는 둥글고 짧은 나무의 한쪽 끝을 뾰족하게 깎아서 잔못이나 쇠구슬 따위의 심을 박아 만들었다. 서슬 퍼런 낫으로 팽이를 깎으며 몇 번인가 헛손질하다가 상처를 입기도 했다. 그렇듯 서툴게 만들어진 내

팽이는 팽이채로 몸통을 아무리 내리갈겨도 잘 돌아가지 않아 애를 먹었다. 보다 못한 아버지는 참죽나무 도막을 깎아서 정교한 팽이를 만들어 주셨고 크고 단단했던 그 팽이로 친구들과 팽이 싸움할 때 곧잘 써먹었다.

눈썰매 타기도 빠질 수 없는 겨울 놀이였다. 특별한 기술 없이 비닐로 된 장판이나 비료 포대 위에 그저 앉아서 신나게 바람을 가르며 비탈을 내려오는 엉덩이 썰매가 있었다. 따로 돈 내고 이용하는 눈썰매장을 찾을 필요가 없었다. 마을 고샅과 앞동산에는 눈썰매 타기에 좋은 비탈이 군데군데 있었다. 그곳을 타면 신바람이 나고 배가 고픈지도 몰랐다.

포근한 날씨에서 함박눈이 쏟아지면 우리들은 제 세상을 만난 듯 몰려나와 여기저기 기이한 모양의 눈사람을 만들고, 패를 나눠 눈싸움하느라 손발이 시린 줄도 몰랐다. 어설프게 만든 눈 뭉치를 서로에게 던지는 눈싸움은 재미로 하는 놀이여서 끝까지 불분승부였다. 눈놀이하다가 목이 마르면 하얀 눈을 한 움큼 집어 먹었다.

눈이 개고 바람이 솔솔 부는 날이면 마을 앞 언덕에 올라 연날리기하며 놀았다. 바람이 약할 때는 연줄을 잡고 달음박질하여 연이 바람을 타고 하늘로 뜨게 하였다. 친구들과 한곳에 모여 누구 연이 더 높이 날아가나 시합했다. 그러다 보면 각자의 연실이 서로 엉키게 마련이고 자연스럽게 연싸움으로 번졌다. 사금파리 가루에 송진을 먹인 연줄이 풀려나가는 소리, 바람 소리, 방패연이 윙윙대며 이

리저리 어지럽게 날다가 줄이 엉키면 사정없이 줄을 당기거나 푼다. 그러다가 픽! 줄 끊긴 연은 바람에 날려 감실감실 사라져 간다. 이렇듯 연싸움에 골몰하다 보면 어느덧 해가 서산마루에 걸리고 멀리서 엄마가 저녁 먹으라고 부르는 소리가 아련히 들리곤 했다.

겨울 풍경으로 고드름을 빼놓을 수 없다. 고향 집 추녀 끝에는 겨우내 고드름이 달려 있었다. 개구쟁이였던 그 시절 나는 처마 끝에 엿가락처럼 매달린 고드름을 따서 무슨 군것질이나 된다고 우둑우둑 깨물어 먹곤 했다. 길게 자란 고드름을 댕강댕강 분질러 칼싸움도 했다. 햇살 좋은 날에는 지붕 위에 쌓였던 눈이 처마 끝에 고드름 줄기로 녹아내리는 낙숫물 소리가 쉼 없이 툇마루를 울렸다. 거기에 섞여 가끔 퍽퍽 떨어지던 고드름 소리가 아직도 귓가에 맴도는 것 같다.

또래 친구들과 어울려 토끼몰이를 가는 것도 신바람 나는 일이었다. 눈이 하얗게 쌓이고 며칠이 지나면 토끼는 먹을 것을 찾아 굴 밖으로 기어 나왔다. 산기슭과 골짜기를 훑다가 토끼를 발견하면 "우우", 함성을 지르며 그 뒤를 쫓았다. 몰이에 쫓긴 토끼가 굴속으로 들어가면 그 속에 솔가지를 쑤셔 넣고 불을 지펴 연기를 피웠다. 매캐한 연기 냄새를 견디다 못한 토끼가 뛰쳐나오면 잽싸게 달려들어 손에 든 막대기로 후려갈기거나 겉옷으로 덮쳐서 잡으면 그만이었다. 그러나 대부분 토끼는 산등성이로 잘도 내뺐다.

춥디춥고 눈 많던 겨울, 그래도 즐거웠던 시절, 다양한 놀이의 재미에 푹 빠져들었던 기억은 아직도 생생하다. 모두 아름답게 느껴지는 추억이다. 생각해 보면 그 시절에 배어든 정서가 가슴속에 각인되어 내 행동 성향에 깊은 영향을 주었는지도 모른다.

그런 뜻에서 한겨울은 춥디춥고 눈도 수북이 내려야 제격이다. 요즈음은 차에 스키를 싣고 사계절 인공 눈썰매장으로 가서, 논 위에서가 아닌 눈밭 위에서 플라스틱으로 만든 눈썰매를 타기는 하지만, 추운 겨울날 장갑도 없이 손을 호호 불며 온종일 신바람 나게 얼음 썰매를 타던 짜릿한 맛을 어떻게 비길까. 겨울이면 썰매 타고 눈싸움하며 토끼몰이도 하고, 자연이 친구요 놀이터였던 그때 그 시절이 그립다.

고향길 고갯마루에서

 상량한 바람이 술술 창문으로 들어온다. 집 안에만 있자니 갑갑하여 옷을 주섬주섬 입고 밖으로 나왔다. 정읍의 관문인 말고개를 넘어 코스모스가 하늘거리는 고향길로 접어들었다. 장구산마을을 지나 어릴 적 힘겹게 넘던 장재에 다다랐다. 고향 마을이 한눈에 내려다보이는 잿마루에 올라섰다.
 살랑살랑 불어오는 바람이 얼굴을 스쳐 시원하게 지나간다. 산새 울음이 간혹 들려올 뿐 옛 산길은 끊기고 그 자취는 찾아볼 길이 없다. 재를 오르내리는 사람들이 소원을 빌며 쌓아 놓은 돌무더기도 사라져 버렸다. 길길이 자란 나무들 사이로 찬연한 햇살만 비켜서 들고 있다.
 요즈음은 찻길이 뚫려 고향 가는 길이 편해졌지만, 수십 년 전까지만 해도 그리 평탄치 않았다. 재 넘고, 고개 넘고, 냇물도 건너며,

산모롱이 길게 휘돌아 지루하게 멀리 걸어야 했다. 구불구불하고 호젓한 산길을 걸을 때는 바사삭하는 다람쥐 소리에도 깜짝 놀랐다.

우리 집에서 반 마장 거리에 있는 '장재'는 그 이름처럼, 오르막이 길고 가파른 산고개였다. 산허리 중에 그나마 쉬운 곳에 길을 냈으나 굽이굽이 돌고 돌아 가쁜 숨 몰아쉬며 가풀막을 힘겹게 올라야 넘을 수 있었다. 옛 자취와 자연이 조화 이룬 우리 마을의 길목이요, 삶의 애환이 서린 칠보산 줄기의 고개였다. 이웃 동네 사람들도 이 재를 넘어야 읍내에 갈 수 있었다. 장을 보기 위해 곡식을 이고 진 사람도, 쇠전에 팔려 가는 송아지도 숨을 시근거리며 넘어야 했다.

이처럼 험하고 비탈진 장재를 처음 넘어 본 것은 대여섯 살 무렵, 근동 모든 산과 길이 붉은 꽃물결로 일렁이던 시기였다. 산 너머 교회에 따라가면 과자를 준다는 동네 형들의 말에 솔깃하여 덩달아 재를 넘어갔다. 아마 넘기 힘들고 먼 곳인 줄 알았더라면 절대 따라나서지 않았을는지도 모른다.

그 후 어쩌다가 이십 리가 넘는 읍내로 장 보러 가시는 아버지를 따라 재를 넘어 따라다녔고 중고등학교 다닐 때는 자주 넘었다. 그 시절 고갯길을 걸어서 통학하면서 한 여학생을 좋아했던 기억도 난다. 재 너머 마을에 산 그녀와는 갈림길이 합해지는 고갯길에서 만나 내리 3년을 같이 다녔지만, 그때는 어찌 그리 소심했던지, 이야기 한 번 제대로 나누지 못했다. 어쩌다 눈이 마주치기라도 하면 얼굴이 뻘그레 달아올랐다. 그녀나 나나 너무 수줍음을 타고, 내성적이어서 설레는 마음을 누르기만 했던 것 같다. 아쉬움과 그리움이 여전히 남아 있어서 그런지 모르지만, 세월이 많이 흘렀는데도 눈동자가 초롱초롱 빛났던 그녀 모습이 눈앞에 삼삼하다.

고갯길이 낭만적이지 않을 때도 있었다. 그 시절 해마다 추석이나 설이 다가오면 아버지는 농사지은 곡식을 팔아 명절빔을 사기 위해 읍내 시장에 나가셨다. 아버지가 날이 어둑어둑 저물도록 안 오시면, 등에 불을 밝히고 재 너머로 마중을 나가곤 했다. 도중에 바람이 불어 등불이 가불가불 춤을 추다가 꺼질 때는 덜컥 무섬증이 났다. 그 당시만 해도 재 너머 길가의 방죽에 귀신이 산다는 풍문이 떠돌았다. 옆에서 귀빰 때려도 모르게 깜깜한 밤에 길동무도 없이 그곳을 지나갈 적에는 가슴이 두근두근 떨렸고 어째 으스스했다.

그랬던 장재도 전변무상轉變無常하는 시대의 변화를 받아들이지 않으면 안 될 운명에 맞닥뜨렸다. 길을 넓히고 포장하는 게 미덕인 시대의 흐름 따라 산마루가 깎이고 등성이가 휑하게 뚫렸다. 예전의 구불구불 비탈진 산길은 온데간데없고 쭉 내뻗은 고갯길로 변해 버렸다. 행인들에게 좀 더 쉽고 빠르게 넘나들 수 있는 편리성을 주었지만, 구절양장 고갯길을 오르내리며 누리던 정취를 빼앗아 버렸다. 꼬불꼬불 이어진 옛길을 보존하여 남겨 놓았더라면 느림의 미학을 터득하는 공간으로서 잘 활용할 수 있었을 텐데 아쉬운 마음이 컸다.

　오랜만에 고갯마루에 올라 지나온 길을 돌아보니 우리네 인생 여정이 한 고개를 넘고 두 고개를 넘고 고개고개를 넘는 고갯길 같다. 내 인생길도 어떤 면에서 보면 오르락내리락하는 고갯길이었다. 인정하고 싶지 않지만, 어느덧 내 나이도 올라가는 인생길이라기보단 내려가는 길목에 섰다. 이순의 고개를 넘어 종심의 고개에 들어서서 바장거리고 있다. 나이 듦 시간으로 빠져들어 가는 징조인지는 몰라도 노년 고개에 대해 생각하는 빈도가 잦아지고 있다.

　보통 내 나이쯤 되면 곧잘 지나온 세월과 앞으로 살아갈 길을 따져 보게 마련인가 보다. 진작부터 '인생 백 세 시대'가 화두가 되고 있다. 이미 우리나라도 평균 수명 80세에 맞춰진 교육 정년 복지 등 국가정책의 큰 틀을 백 세 시대에 맞게 새롭게 세웠다지 않던가.

　한 친구는 어디서 들었는지 칠십 고개는 지금까지 살아오면서 망가진 몸을 보수하기 위하여 달력에 병원 갈 날짜를 표기하여 집 다음으로 병원 문턱을 들락날락하며 건강에 제일 신경을 써야 할 고개라고 한다. 팔십 고개는 이제 살 만큼 살았고 할 일은 끝났으니 죽어도 호상이라 생각한 고개이고, 구십 고개는 건강한 사람은 백 세까지 살았으면 하는 마음이요, 아픈 사람은 죽지 못해 살면서 데리러 오는 날을 기다린 고개고, 백 세 고개는 장수명을 타고났지만 갈 때 동행자가 없어 외롭고 쓸쓸하게 떠나야 하는 고갯길이란다.

그의 말을 듣고 보니 딴은 그럴 듯도 하다. 여생이 짧을수록 남은 시간은 더 소중하고 절박할 수밖에 없으리라.

　오늘도 넘고 내일도 넘어야 하는 인생 고갯길! 모처럼 고향 가는 고갯마루에 서서 잠깐 인생의 여러 고갯길을 생각해 보았다. 내 인생길 어느덧 노년 고개에 들어서 있다. 생명이 있는 한, 넘어야 할 고개는 또 나타나기 마련이고 고단하고 힘들어도 넘어야 한다. 앞으로 넘어야 칠십, 팔십, 구십 고개는 어떻게 넘어야 할지 모르겠으나 지금까지 쉽게 넘었던 고개도 그리 없었고 높다고 넘지 못한 고개도 없었으니 미리 발싸심한들 무엇 하겠는가. 집으로 돌아오는 발걸음을 멈추고 고개를 돌려 보니 고향길 장재 마루에 걸려 있는 노을이 붉게 변해 가고 있다.

낚시를 즐기다 보니

 아침저녁으로 서늘한 바람이 분다. 낚시인들의 마음이 바빠질 때다. 며칠 전에는 낚시하는 꿈을 꾸었다. 주위의 산과 들은 온통 풀빛으로 넘실거리고 내리붓는 황금빛 햇살이 수면에 부서져 파란 물비늘을 일으키고 있는 저수지에서 그리운 사람들과 낚시하는 장면이었다.
 물이 있는 곳에는 물고기가 살고 낚시인이 있기 마련인 모양이다. 내가 어릴 적만 해도 논도랑에는 송사리 떼가 알른거리고 몰려다니었다. 어찌나 우글대는지 미끼가 없어도 잡혔다. 소쿠리를 넣으면 그냥 건져 올릴 정도였다. 집 앞 개울에는 언제나 심심찮게 중고기 떼가 노닐며 어린 가슴을 설레었고 족대 하나면 서투른 솜씨로도 작은 냄비 하나 정도는 쉽게 잡을 수 있었다.
 버릇은 시간도 어쩔 수 없다. 어느새 실팍한 나이가 들었어도, 들판을 꿰뚫어 흐르는 냇물 속을 내리훑으며 피라미를 잡으러 다녔다. 가끔가다가 웅덩이에 갇힌 몇 마리의 붕어를 탐내어 어수룩한 낚싯줄을 담그게 되고 점차 행동반경이 넓어져 방죽을 찾기에 이르렀다. 그런 동안 발전해서 저수지로 가서 붕어·잉어를 낚다 보니 어느덧 낚시질에 취미가 붙었다. 본격적으로 낚시질이 내 시간을 채우기 시작한 건 이십 대부터다. 주말이면 어김없이 도구를 챙겨 낚시터로 향했다.

낚시꾼들이 모이면 잘 떠는 허풍이 있다. 이따금 자기가 잡은 붕어 마릿수나 크기를 제법 구수한 과장과 애교 있는 거짓말까지 해가면서 수다를 떠는 수가 있다. 나 역시 그랬을 것이다.

한 해 동안 낚시하는 기간을 대략 칠 개월 정도를 치면 한 달에 네 번꼴로 나가 매번 스무 마리를 잡았다. 일 년에 오백육십이요, 이십 년이면 줄잡아 만여 마리의 붕어가 내 손에 집혔다는 계산이 나온다. 물론 휴가를 제외한 날과 그 밖의 방법으로 잡은 수는 제쳐 놓고 말이다.

날이 풀린 어느 초겨울에 동진강 수로로 낚시하러 갔다. 낚싯줄을 드리우고 접의자에 앉아 혹시 다른 낚시꾼이 오지 않았나 하고 사방을 휘휘 둘러보니 눈발만 날릴 뿐 누구 한 사람 보이지 않았다. 그야말로 시간과 공간을 차지하는 건 눈뿐이었다. 그때의 내 모습이야말로 가히 낚시광이라고 함직했다.

한번은 이런 일도 있었다. 두승산 기슭에 있는 방죽으로 가서 붕어 낚시를 할 때였다. 낚시를 드리우고 잠깐 한눈판 사이에 "스윽" 하는 소리가 들렸다. 순간 쳐다보니 낚싯줄이 팽팽하게 켕기고 낚싯대는 물속으로 끌려가고 있었다. 앗싸, 월척이 물렸구나. 나도 모르게 낚싯대를 붙잡으려고 물속으로 뛰어들었다. 뛰어든 나를 방죽을 중심으로 잡아당겼다. 이런 걸 절체절명이라고 하는가 보다 했다.

내가 이처럼 낚시에 열중하게 된 데에는 나름대로 이유가 있었다. 물론 파르르 떨리는 낚싯대의 감촉. 바로 이 맛에 낚시하지만, 여러 가지 근심거리로 마음이 어지러울 때 낚시 가방을 걸머지고 집을 나서기만 하면 신명이 났다. 낚싯대를 물에 드리우고 찌를 바라보고 있노라면 온갖 시름이 사라졌다. 착각일지 모르나 일면 선仙의 경지와 통하는 듯했다. 때로는 사색에 잠길 수 있었고 그러는 중에 마음의 균형을 바로잡아 활력을 얻기도 했다.

그런데 언제부터인지 낚시 취미에 마침내 제동이 걸리기 시작했다. 밤잠 제대로 못 자가며 낚시에 빠져드니 집에서 타박과 지청구를 듣기 일쑤였다. 낚시는 무는 족족 잡아 건지는 일이다. 그것이 과연 이 전체 세계에서 온당한 처사인가? 내 심정을 달래 보자는, 어디까지나 내 위주의 이기적인 행동임에도 한결같이 대해준 물고기들에게 미안한 감이 들기 시작했다.

살생의 죄책감이라면 지나친 말일까. 어떤 때는 잡힌 붕어의 빈사 상태의 애처로운 모습들이 떠오르기도 했다. 그래서 꼭두새벽에 떠나던 낚시를 아침 먹고 가기도 하고, 매주 가던 횟수를 더러는 거르기도 했다. 낚이면 때로는 달아나게 일부러 시간을 끌어보기도 하고 낚여 오른 고기를 도로 그 자리에서 놓아주기도 했다.

이렇게 낚시에 대한 회의가 뇌리 한쪽에서 파닥거리던 어느 날, 낚싯대를 도둑맞았다. 누가 가져갔는지 짐작이 갔지만, 모르쇠로 잡아뗄 것 같아 그냥 넘어갔다. 그러잖아도 낚시하는 재미가 식어 가고 있는 터라 어쩌면 잘 되었다 싶어 새로 낚싯대를 마련하지 않았고 점차 낚시와 담을 지게 되었다.

이제 와 곰곰이 생각하면 내가 자연과 친하게 된 것은 아마 젊었을 적 낚시질에 있었던 것 같기도 하다. 낚시 기간이 길다 보니 그만큼 자연에 접할 기회가 많아지고 물고기의 습성을 관찰할 기회가 많아지기 마련이었다. 사철을 통해 본 물고기의 생태 속엔 흡사 사람과 같은 생활이 있고 자연을 따르는 질서가 있어, 그들의 생명 또한 귀중하다는 것을 깨달았다.

좀 비약해서 이런 생각도 해본다. 다만 낚는다는 의미에서 볼 때 낚시와 인생은 흡사해 보인다. 남자는 여자를 낚으며, 여자는 남자를 낚으며 사는 것 같다. 나 또한 마음에 드는 여자의 마음을 낚으려고, 또한 적절한 사회위치와 욕망의 대상을 낚으려고 그동안 얼마나 많은 공을 들였던가? 종심從心 나이에 들어선 지금도 아내의 비위를 맞추며 마음을 얻으려는 낚시질은 여전히 진행 중이다.

가을의 풍미

　보랏빛 포도 알알에 가을의 입맛이 돌고 햅쌀이 나왔다는 신문 기사만 봐도 식욕이 일어난다. 아직 햅쌀은 먹어 보지 못했으나 며칠 전 저녁밥에는 풋콩이 섞이어 있었다. 향긋하고 구수한 풋콩을 씹노라니 어린 시절이 눈앞에 걸린다.
　내가 나고 자란 곳은 철 따라 군것질거리가 지천으로 널린 농촌이다. 가을이 되면 또래 친구들과 어울려 산과 들로 주전부리를 찾아다녔다. 처서가 지나고 가을바람에 콩꼬투리가 여물 무렵이면 메뚜기가 한창이었다. 우리들은 메뚜기를 잡으러 논두렁으로 쏘다녔다. 긴 뒷다리로 볏잎을 탁 차면서 뛰어가는 메뚜기를 덥석 손바닥에 움켜잡았다. 주먹 속에 든 메뚜기는 버둥버둥하다가는 꺼먼 물을 입에서 뱉으면서 기진해버렸고 우리는 그런 메뚜기를 유리병 속에 집어넣거나 강아지풀에 줄줄이 꿰었다. 어떤 놈은 파닥거리다가 이내 긴 잠으로 들어가곤 했다. 그러나 덩치에 비해 큰 눈을 지닌 메뚜기는 잠들어도 눈을 감을 줄을 몰랐다. 수중 물고기가 그런다고 했던가? 절간 건물 네 귀퉁이에 매단 풍탁에 걸어놓을 것이 물고기 대신 메뚜기라고 해도 의미는 손상되지 않을 것 같다. 아무튼 맨손일 때는 베적삼 호주머니에 옮겨 넣었다가 어느 정도 많이 모였다고 생각될 때 구워 먹었다. 소금을 찍찍 뿌려 노랗게 익을 때까지 볶았다. 아사삭 부서지는 소리가 제법 구수하다.

그러나 메뚜기보다 더 영양이 많고 맛있는 것은 개구리 뒷다리다. 우리들은 논물이나 웅덩이진 곳으로 개구리를 잡으러 몰려갔다. 뜻밖의 습격을 받은 개구리들은 민감하게 잘도 내뺐다. 긴 뒷다리에 필사적인 힘을 주어 풀 속에 뛰어 들어가 몸을 피했지만, 어찌 사냥놀이에 도가 튼 동네 조무래기들 손아귀에서 벗어날 수가 있을까.

"여기 갔다."

"저기 갔다."

아이들은 풀을 헤치고 개구리가 뛰는 데로 혹은 자빠지며 혹은 뜀박질했다. 끝내 한 놈도 놓치지 않고 잡아 소고기 아닌 불고기의 잔치를 벌여 희희낙락하며 놀았다. 누구나 유년 시절에는 한 번쯤 해봄 직한 이 사냥놀이. 아마도 초기 인류를 모방하려는 오래된 기억인지 모른다. 그래서일까? 뭔가를 잡는다는 건 참 재미있다. 천렵이든, 자잘한 곤충이든, 개구리든 말이다. 이제 와 생각해 보니 그

것 역시 살생의 죄임에도 그땐 잡는 게 신나는 놀이였다. 또한 먹을 게 없었던 시절이라, 이런 사냥놀이를 통해 배를 채우고, 필요한 영양을 보충했다.

개구리는 뒷다리 고기가 가장 푸짐하게 살집이 있는지라 이부터 먹었다. 먹기 좋게 하기 위해 우리들은 능숙한 푸주한이었다. 시커먼 심을 깎아서 까맣게 된 연필 칼로 개구리를 해부해 '로스' 아닌 뒷다리 두 개가 고스란히, 모닥불 위에 구워졌다.

빠지직빠지직 뒷다리는 기름을 내 돋치면서 노랗게 익혀지고 기름 돋친 불고기를 입에 넣고 우물우물 씹어 먹는 맛이란 지금 고기반찬의 밥상이 어찌 이러랴 싶게 맛있고 즐거웠다.

그러나 그것보다 더 풍미 있는 것은 콩청대다. 완전히 여물지 않은 콩꼬투리가 달린 콩대를 불에 그슬리거나 가마에 쪄서 콩을 먹었는데 이처럼 풋콩을 익혀서 먹는 맛이 일품이었다. 그때만 해도 초가을의 콩서리는 농촌 아이들의 잊을 수 없는 즐거움이며 세시의 놀이였다. 나 또한 친구들과 같이 어른들 몰래 콩밭에 들어가서 콩을 서리해다가 불에 구워 먹곤 했다.

그 시절 우리 집에선 벼를 심은 뒤 논두렁과 밭두렁에 콩을 심었다. 가을이 되면 채 여물기도 전에 걷어 온 풋콩을 아궁이에 불을 지피고 구워 먹은 게 몇 번이었던지. 이보다 더 고상한 맛을 어디서 맛보랴 싶었다. 밥할 때 풋콩 대여섯 알을 던져두면 파란빛이 입맛을 돋우기도 했다.

또 콩청대보다도 양분이 많고 맛 좋은 것은 밤을 송이째 구워서 까먹는 밤청대였다. 우리 집 맞은편 동산에는 밤나무가 가득했다. 가을이면 꼬마 주먹만한 밤송이들이 주렁주렁 맺혔는데 풋것일 때부터 동네 친구들이 벌 떼처럼 붙어 긴 막대기로 털었다. 나도 장대를 들고 가서 밤나무 가지를 세게 후려치면 밤송이들이 투두둑 우박처럼 쏟아졌다. 떨어진 밤송이를 싸작싸작 발로 비비여 가시를 뭉갠 다음에 밤알을 뽑아내는 재미가 쏠쏠했다. 이렇게 얻은 풋밤을 까서 생으로 먹으면 싱그럽고 달큰한 맛이 혀에 감돌았다. 비록 보늬 때문에 떫기는 했지만 말이다. 그러나 가을철 밤을 구워 먹거나 쪄먹으면 보드라운 감미가 났다.

이젠 고향을 가도 어릴 적 친구들과 놀던 들판이 아니다. 내 입 안에 맴도는 그런 가을의 풍미는 사라진 지 오래다. 그동안 농촌의 환경은 많이 변했고 어린 시절 흔히 볼 수 있던 메뚜기와 개구리는 농약 공해로 사라졌는지 좀체 눈에 띄지 않는다.

콩 서리와 밤 줍기는 가을을 맞이하여 떠오르는 아름다운 장면이나 지금은 다양한 먹거리들이 등장하면서 무대 뒤편으로 갈 수밖에 없게 되었다. 다만 세월의 줄을 잡아당겨 회상하는 것으로 그치는 것이 안타깝다.

통가리

며칠 전에 호박고구마 한 상자를 샀다. 고구마를 유난히 좋아해서 밥 대신 먹기도 했던 유년 시절이 생각나서다. 내가 어릴 적만 해도 고구마는 간식일 뿐만 아니라 주곡인 쌀과 보리가 부족할 때 그 대용으로도 이용되는 요긴한 양식이었다. 이른바 구황식물로 고구마는 아주 좋은 밥 대용 식물이다. 식생활에서 차지하는 비중이 대단히 컸고, 그 이용도가 매우 높았다. 그래서 고구마를 통가리에 보관했다.

통가리는 농촌 어느 집이나 한 개씩은 있었다. 가을 추수가 끝날 무렵이면 언제나 수숫대로 만든 커다란 통가리가 놓여 있었다. 통가리는 주로 접근성이 좋으면서 보온성이 높은 방 안 윗목이나 마루 혹은 부엌 등에 설치하였다. 새끼줄로 수수깡을 엮어 천장 아래 높이까지 둥그렇게 세운 뒤 그 안에 고구마를 저장하는 방식이었다. 여기에 고구마 열 가마는 족히 들어갔다.

　고구마는 온도에 민감하다. 방이 추우면 얼어 버리고 뜨거우면 썩어서 자칫 죄 못 쓰게 되어 내다 버리기 일쑤다. 우리 집에는 안방 옆에 곁방이 하나 있었는데 그곳에 고구마 몇 가마니는 족히 들어갈 수 있는 통가리에다 아버지는 밭에서 캐온 고구마를 쏟으셨다. 그때마다 울퉁불퉁한 소리와 함께 묻은 흙 부스러기가 펄펄 날렸다. 고구마는 금세 천장에 닿았다. 내 키보다 훨씬 큰 거인인 통가리를 고개 들고 올려다본다. 엄청나게 많은 고구마를 보며 실컷 먹을 즐거운 마음에 동생들과 신이 났었다. 그러다가도 저걸 언제 다 먹나 하는 생각도 했다.

　그곳의 공기는 저온이었고 수숫대 통가리의 틈새로 통하던 공기로 인해 고구마는 겨우내 썩지도 않을뿐더러 방안의 적당한 온도 유지로 얼지 않아 잘 보관이 됐었다.

　생각해 보면, 통가리는 매우 과학적이다. 방구들의 온기와 얽은 수숫대 사이로 바람이 시나브로 드나드니 기후에 민감한 고구마의 저장고로는 맞춤이었다. 고구마를 꺼내오는 건 주로 우리 남매들의 몫, 우리는 발 디딜 것을 찾아 고구마를 꺼내 구워 먹곤 했다. 샛노란 빛과 모락모락 피어오르는 김 그리고 달콤한 맛은 그때 그 시절의 혀와 눈을 장악했다. 그건 시간의 넌출을 타고 여전히 지워지지 않는다.

고구마 통가리를 넘나들던 어린 시절, 그곳은 놀이터이기도 했다. 그땐 웬 놈의 쥐들이 통가리 속을 들락거렸는지…. 통가리는 귀중한 양식통이었다. 겨우내 꺼내 먹은 고구마는 반 이상이 줄어 고구마 통가리가 힘이 없어 옆으로 비스듬히 기울어진다. 그래도 아랑곳없이 동생들과 숨바꼭질을 신나게 하다 보면 고구마 통가리 속으로 숨게 된다. 이때 통가리가 그만 폭삭 쓰러지는 바람에 부모님께 꾸중 들을 즈음 그해 겨울의 막은 서서히 내리게 되는 셈이었다.

통가리 속에서 고구마는 적당하게 마르고 숙성이 되면 단맛이 더 났다. 화롯불에 구워 먹거나 오도독 깨물어 날로 먹어도 맛이 있었다. 아궁이에다 갓 구워낸 고구마는 정말 맛있었다. 난 입가에 검댕이를 묻히면서 먹었다. 금방 쪄서 말캉거리는 고구마 맛은 정말이지 일품이었다. 고구마가 요즘은 웰빙 식품으로 주목을 받고 있다. 노화를 예방하는 항산화 물질이 많고 다이어트와 혈압강하, 성인병 예방에 뛰어나다.

고구마 몇 개만 먹어도 몸과 마음이 든든하던 시절이 몹시 그립다. 먹을거리가 풍요롭지 않던 어린 시절 고구마를 많이 먹고 자랐지만, 유난히 고구마만은 그리 싫지 않았던 걸 생각하면 다행이라 여겨진다. 고구마를 먹으며 욕심 없이 살던 지난날 순백의 그 시절로 잠시라도 돌아가 보고 싶다. 가을이 다 가기 전에 속살이 노란 호박고구마를 한 번 더 사야겠다. 그리하여 고구마의 추억도 떠올려 보는 겨울나기를 해 볼까 한다.

고향의 빨래터

요즘은 세탁기 덕분에 빨래가 간편해졌다. 그러나 나는 손빨래를 좋아한다. 아내가 들으면 타박하겠으나, 오해하지 마시라. 나 스스로 한다. 그러니 세탁기 돌아가는 소리는 나에게 없다. 얇은 속옷이나 양말이나 손수건은 어김없이 조물조물 손빨래한다. 세탁기가 없어서가 아니다. 손으로 주무르고 비벼 빨아야 때가 잘 빠지기도 하려니와 직접 눈으로 확인하면서 세탁 정도를 알 수 있어서다. 때에 찌든 옷은 우선 애벌빨래를 한 뒤 뜨거운 물에 팍팍 주무르고 치대어 가며 빨면 깨끗해진다. 이불처럼 큰 빨래는 욕조에 넣고 지근지근 밟아 빤다. 이런 습관이 몸에 배어 빨래하는 데 선수가 되었다. 그럴수록 내 마음도 개운하다.

휴일을 맞아 시골집에 다녀왔다. 며칠 전 내린 비 때문일까. 동네 개울에 제법 많은 양의 맑고 깨끗한 물이 흐르고 있다. 우리 집 건

너편에 보이는 빨래터는 아이들이 멱감고 아낙네들이 모여 빨래하며 스트레스 풀던 삶 자리였다.

빨래터를 잠시 건너다 보고 있자니 어릴 적 흔히 보던 정경이 떠오른다. 동네 아낙네들이 빨래하는 모습이다. 방망이질하는 여인들의 얼굴은 화가 난 듯 빨갛게 상기되어 있고 세차게 내려치는 방망이 소리에는 분노 같은 것, 앙심 같은 것, 그리고 판가름 나지 않는 승부를 겨루는 것 같은 울림이 들려오는 것 같다. 그래서 그랬던 걸까? 아낙들의 전용인 다듬이 소리와 빨랫방망이 소리를 들으면 왠지 마음이 켕기기도 하고, 다른 나라의 낯선 언어가 번역되어 들어오기도 한다.

지금이야 고부간이 좋아 알콩달콩 엄마와 딸 같은 사이도 있지만 수십 년 전까지만 해도 시집살이가 심했다. 미운 사람이 입는 옷을 신나게 방망이로 두들겨 주었다. 대꼬챙이 같은 시아버지의 옷은 펄펄 끓는 물에 푹 담갔다가 퍽퍽 두드리고, 청양고추보다 더 매운 시어머니 옷은 자근자근 발뒤꿈치로 밟아버리고, 하는 짓마다 백여우 눈꼬리 같은 시누이 옷은 방망이를 두 손으로 잡고 장작 패듯 내리쳤으리라. 서방님 옷은 그래도 뭐 만지듯 정성껏 오물쪼물, 금지옥엽 귀여운 아들딸 옷은 솥에 넣고 삶아 설렁설렁 물에 여러 번 헹구며 공들여 빤다.

나 어렸을 때만 해도 계절과 관계없이 무명 바지저고리 같은 흰 옷을 선호했다. 빨래도 계절이 없어 추운 겨울에도 냇가에서 빨래했으니, 여인들은 생활의 반을 가히 '빨래와의 전쟁'을 하며 살아왔다 해도 과언이 아닌 셈이다. 우리 어머니도 집 앞 도랑가에 나가 빨래를 하셨다. 겨울에 얼음을 깨고 고무장갑 없이 빨래하면 눈물이 날 정도로 시리고, 아렸으리라. 두 주먹을 쥐고 호호 불면 살이 튼 자리에 피가 났다. 손을 펴면 갈퀴를 닮은 손가락 마디가 부어올라 굵어진다. 드바쁜 농사철 시절, 열 명이 넘는 대식구의 밀린 옷을 빨래하실 때는 허리가 아프다고 잠자리에 들면서도 끙끙대셨다.

내가 처음 해본 빨래는 걸레였다. 십 남매 중 맏이인 나는 어린 나이에 꼬막손으로 집안 청소를 도왔다. 부모님이 시키는 대로 걸레를 빨아서 방을 닦고 마루를 훔쳐낸 뒤 다시 도랑에 나가 걸레를 빨아 널었던 기억이 두렷하다. 윗도리에 콧수건을 달고 학교 다니던 시절부터는 양말도 손수 빨아 신었던 일도 기억난다. 대학 자취 생활 이 년에 빨래하는 데 고수가 되었다. 상당한 세월이 흐른 지금도 양말과 속옷 정도는 몸소 손빨래하는 버릇이 있다.

이제는 삶아서 두드리고, 치대어 헹구고, 다시 비틀어 짜서 빨래하던 그런 시대는 지나갔다. 빨아주고, 두들기고, 헹구고, 삶기까지 그 여정은 노곤하다. 하지만 세탁기가 나오면서 수고로움은 줄어들었지만 그만큼 추억도 줄어든 건 아닐까. 바지랑대 높이 올려 빨래를 말리던 풍경, 빨랫줄에 걸린 이불 홑청 사이로 드나들며 뛰놀던 아이들의 웃음소리, 햇살이 퍼지는 아침나절이면 들려오던 동네 아낙들의 엇박자 빨랫방망이 소리, 그 모두 그리운 것들이 되었다. 부지깽이와 함께 말썽꾸러기들을 향해 휘두르기도 하던 빨랫방망이는 보기 드문 물건이 되어가고 있다. 또한 그 굵고 억센 손을 가졌던 어머니들은 자꾸 떠나고 계시다. 그분들이 떠난 자리에는 그리움이 방망이질한다.

내 고향 집 마당에는 빨랫줄이 걸려 있다. 좁은 방에 어깨를 포개고 잠들던 식구들의 수수한 일상이 마당 한가득 빨래로 걸려 있던 풍경은 평화였다. 햇빛에 스미고 바람이 흔들어 말리던 그 빨래에서는 향기가 났다. 바람의 향기, 햇빛의 향기가 났다. 그리고 지금은 추억의 향기가 이마로 파고든다.

오늘처럼 맑게 갠 날은 고향 빨래터로 가서 빨래라도 할 일이다. 내친김에 수돗가에 자리를 잡았다. 내 옷만큼은 손으로 비벼 빨고 있다. 비누칠로 빨래를 뭉개 가면서도 마음은 두둥실 허공에 뜨고 있다.

장날의 대장간

　황새낫 한 자루를 사려고 정읍 구시장에 있는 '민속대장간'을 찾아갔다. 뜨거운 불을 연신 뿜어내고 있는 화덕 앞에서 대장장이가 옛 농기구들을 만들며 연신 굵은 땀방울을 흘리고 있었다. 불과 물의 낯선 조화가 아름답게 보였다.
　그러고 보니, 대장간은 불과 땀만 있는 게 아니다. 달군 쇠의 강도를 높이기 위해 결정적으로 필요한 게 바로 냉수다. 그러고 보면, 대장간은 불의 공간만도 아니다. 불의 솟구치는 상승과 물의 하강이 이 좁은 터진 장소에서 멋지게 조화를 이룬다. 세상은 크기로 존재가치를 매기지만 실은 얼마나 음양이 조화를 이루냐에 이게 눈으로 가져올 가치가 아닌가 싶다. 부부생활도 그렇고, 숲도 그렇다. 아니 따지고 보면 오늘 아침 아내가 챙겨준 밥상만 해도 그렇다. 더운 음식과 찬 음식이 적절히 안배된 음식은 건강을 성장시키지 않은가.

망치질 하는 작업을 반복하고 물에 담금질하는 방법은 오십 년 전이나 지금이나 변함이 없다. 양에서 음으로, 다시 양으로 순환의 질서는 그때나 지금이나 똑같다. 시간을 톡톡 자르기라도 하듯, 모루질 소리가 작은 공간을 덮고 있었다.

이미 정평이 난 그의 솜씨에서 탄생한 물건을 사용해 본 사람은 평생 단골이 된다. 해서 되어 적지 않은 사람들이 여전히 아직도 농기구를 주문하고 있다. 요즘이야 농기구를 사는 일이 그리 힘든 일은 아니지만 대장간을 찾아 주문해서 농기구를 직접 구입하는 이유가 있다고 대장장이는 이야기한다.

"공장에서 찍어내는 농기구와는 확실히 달라요, 쇠는 많이 두들기는 게 좋아요, 두들기면 두들길수록 뜨거운 불에 의해서 쇠 속의 나쁜 성분이 빠져나가거든요, 그게 전통 대장방식의 좋은 점이지요"라며 정성만큼 좋은 기술은 없다고 자신 있게 말한다. 백번 정도 단련하면 황금이 된다는 만해의 시 한 구절이 퍼뜩 떠올랐다. 만해는 승복을 입기 전에 대장간을 했을까? 모든 정련은 수많은 두들김으로 가능함을 만해는 선사답게 터득하고 있었던 모양이다.

한껏 달아오른 열기를 사정없이 쏟아내고 대장간 안에서 나는 50년 전으로 옛날로 돌아가 당시의 정읍 장날을 회상해 보았다.

"이만하면 비가 흡족할까 몰라."

"글쎄 오시긴 마침 잘 오셨는데…."

"논갈이는 다 끝나고?"

"안즉…"

"몇 뼘이나 된다고 아직 그걸 안 갈아?"

두 영감네는 노닥노닥 앉아 하릴없이 이야기가 길다, 불콰해진 얼굴, 약주를 한잔 걸쳤는가, 얼근한 표정이다. 그 불콰해진 얼굴들이 추진 빗속에서 생의 의기를 달구고 있었다.

며칠 새 질척거리던 비도 개고 날씨는 화창한데 모처럼 나들이 산아 온 장날은 한산하기 그지없다. 농사철로 들어선 초입이 새라 그런 듯, 여기저기를 기웃기웃하다가 점심 겸 대폿잔을 기울이고 이제 귀갓길.

단골 대장간 앞에 앉아 낫을 하나 골라 들고는 마냥 한가롭다. 논갈이는 이미 끝냈고 모내기에는 아직 틈이 있으니 서두를 건 하나도 없다.

"장은 역시 가을 장이지?"

"암 그야. 한가위 직전의 장이 역시 장이지."

내용 없는 얘기들을 주고받는다. 대장간 주인은 영감네들이 찾아주는 게 반갑다. 반갑다 못해 고맙기까지 하다. 망치질에 한결 신이 난다. 담배를 한 대씩 권하고 얼굴에 함박꽃이 핀다.

대장간이야말로 옛날의 대장간이지 요즘엔 정말 시세가 없다. 신식 기계로 번질번질하게 빼낸 물건들이 장날이면 그득하게 펼쳐진다. 모양새가 좋고 빛깔이 고운 칼들 하며, 호미, 삽, 괭이, 낫까지 없는 것이 없다.

자연이 발길이 뜸해지는 곳은 대장간, 쇳소리가 시끄럽고 먼지가 풀썩이는 대장간을 사람들은 좋아할 리가 없다. 장날이면 외갓집처럼 드나들던 대장간을 외면하고 지나쳐 버린다.

그러나 영감네들은 그러질 못한다. 어려서부터 드나들던 곳이라 한 번쯤 고개를 내밀어야 한다. 활활 타는 불빛이 정겹고 아무렇게나 내놓여진 쇠붙이들이 수족처럼 보인다. 내 집처럼 앉아서 구김살 없이 쉰다.

대장간은 인간이 철을 이기로 사용할 때부터 존재했다고 보면 틀림없다. 기록을 보면 옛 가락국 시절부터 쇠를 벼리는 대장간이 있었다고 한다. 시우쇠를 불에 달궈 창을 만들고 칼을 만들고 삽을 만들었다. 더욱 큰 화력을 얻기 위해 풀무를 개발하고 목탄을 무연탄이나 코크스로 바꾸었다.

BC 15세기에 이집트에서 풀무를 사용한 기록이 있는 것을 보면 보다 센 화력을 얻고자 한 인간의 노력은 꽤 오랜 듯싶다. 풀무는 물론 송풍기의 일종이다. 손을 앞뒤로 밀고 당기는 피스톤식이 있는가 하면 바람개비처럼 돌리는 것이 있고 발로 밟아 바람을 보내는 것도 있다.

철물이 인간에게 극히 이로운 것이었음에도 불구하고 우리의 옛 역사는 철을 다루는 사람을 하대하는 경향이 있어서 장인 또는 장색이라는 이름으로 불렀다. 이것이 우리나라 산업 발전에 큰 장애가 되어왔던 것은 역사가들이 풀이하는 결론이지만 구한말을 전후해서 경기를 구가하기 시작했던 대장간은 다시금 내리막길을 걷게 되었다. 근대식 또는 현대식 농기구공장에 밀리기 시작했다.

그러나 아직 대장간은 정을 붙일 데가 있다. "양낫은 가벼워서 못 쓰겠어."하는 볼멘소리는 근대화가 이루어질 대로 이루어진 농촌마을에서 간간이 터져 나오는 소리다. 대장간에서 벼린 낫을 기억하면서 하는 말이라고 하지 않을 수 없다. 고 순박한 찬탄이 아직은 있기 때문이다. 낫을 들어 보이며 그 묵직한 촉감을 느끼며 듯 만족하는 영감네들의 웃음이 아직도 귀 서럽지 않게 남아 있다.

"픽~ 픽~" 이것은 시뻘겋게 달궈진 쇠붙이의 울림. "짱~ 짱~" 이것은 열기 잃은 쇳소리의 마찰음. "픽~ 픽~" "짱~ 짱~" 연장들이 불의 세계와 물의 세계, 이 거대한 음양의 우주를 여행하며 탄생되는 곳. 대장간은 아직 살아 있다. 장날의 대장간. 영감네들은 처가에 들른 양 마음 놓고 웃는다.

제6부

등을 내주는 사랑

아찔했던 순간들

　일진이 사나운 날에는 엎친 데 덮치듯 나쁜 일이 잇따라 일어나는가 보다. 이를 머피의 법칙이라 하던가? 얼마 전 일이다. 약속 시각에 늦지 않으려고 급히 승용차를 몰고 갈 때였다. 시청 앞 사거리의 교통 신호등에 빨간불이 켜져 차를 멈췄다가 녹색불이 켜지자마자 출발하였다. 앞차가 갑자기 속도를 줄이는 바람에 나도 급제동을 걸어 속도를 늦추었더니 쿵 하고 내 차를 뒤에서 들이받았다. 갓길에 차를 세워 놓고 확인해 보니 차체가 조금 찌그러졌다. 안전거리를 두지 않고 바짝 뒤를 따라오던 폭스바겐 운전자의 실수였다.
　같은 날 오후, 이번에는 내가 운전 실수를 저질렀다. 오전에 부딪혔던 승용차로 고향 마을 골목길에서 커브를 잘못 틀다가 남의 돌담을 와르르 무너뜨렸다. 하마터면 바로 옆 장독대도 와장창 박살이 날 뻔했다. 그런대로 사후 처리를 잘했고 평소 같았으면 차를 몰다 보면 그럴 수도 있으려니 하는 생각으로 가벼이 넘어갔으나 찜찜한 기분은 좀처럼 가시지 않았다. 집에 돌아와 잠자코 마음을 달래려고 애쓰고 있는데 문득 기억의 저편에서 초보 운전 시절 하마터면 죽을 뻔했던 사고가 떠올랐다.

꽤 오래전 초겨울 어느 날이었다. 모처럼 아이들을 태우고 지리산 쪽으로 드라이브를 나갔다. 초행이라 길이 설었고, 더군다나 운전 기술이 미숙하였다. 고갯길을 만나 기어를 변경하고 천천히 차를 몰아 올라가다가 눈이 얇게 깔린 급경사 길을 만났다. 차가 갑자기 헛바퀴만 돌더니 뒤로 밀렸다. 가속 페달을 밟거나 브레이크를 밟아도 소용없었다. 오히려 바퀴는 미끄러져 뒤로 내려갔다. 당황한 나는 운전대를 잡고 "어어, 어어, 어어!" 속으로 외쳤다. 산모퉁이 낭떠러지 코 앞까지 밀리고 말았다. 눈앞이 아찔해 왔다. 절체절명의 위급 상황에 놓인 순간 반사적으로 운전대를 좌로 틀었더니 차가 멈춰 섰다. 후유 하고 가슴을 쓸어내리고 가까스로 차를 되돌려 내려왔다.

뜻밖의 사고는 이때가 처음이 아니었다. 처음 자가용을 산 뒤로 근 삼십 년 동안 운전을 하면서 일촉즉발의 위기 순간을 얼마나 많이 마주쳤는지 모른다. 그러나 다행히도 사람이 다치는 사고는 이때껏 단 한 번도 없었다. 그렇다면 위험한 사고 순간을 어떻게 벗어날 수 있었을까? 그때그때 상황에 요령껏 대응해서 그런 것은 아닐 것이다. 운전 기술이나 습관이 그리 좋은 편이 아니다. 그렇다고 순전히 운이 좋아서 그렇게 위기를 모면했다고 둘러대기에는 너무나 긴 세월이 아닌가. 암만 생각해도 천우신조인 것 같다.

십여 년 전 이런 일도 있었다. 퇴근하여 집에서 쉬고 있는데 느닷없이 온몸이 아프고 팔다리 끝에서부터 마비가 왔다. 바로 옆집 후배를 부르고 아내에게 전화했다. 이대로 있다가는 죽을 것 같아 "주여, 벌써 데려가시렵니까? 살려주시옵소서." 하며 간절히 빌었더니 치료해 주시겠다는 세미한 음성이 들려왔다. 그러나 정작 통증은 가시지 않아 종합병원 응급실로 실려 갔다. 당직 의사가 강한 진통제 주사를 놓아주었는데도 별 효과가 없었다. 한참 후에야 언제 그랬냐는 듯 아픔이 씻은 듯이 가셨다. 진통제를 맞으면 통증이 이내 가실 줄 알았던 의사는 이상하다는 듯이 고개를 갸우뚱했다. 바로 퇴원하여 이튿날 출근했다.

곰곰이 되짚어 보면 어릴 적부터 나는 위태로운 상황에서 가까스로 목숨을 건진 적이 몇 번이나 있었다. 동네 아이들과 숨바꼭질하며 놀다가 발을 헛디뎌 돌벼랑으로 굴렀던 일, 어느 겨울날 참새를 잡기 위해 추녀 속에 손을 넣으려다 의지했던 장대가 부러져 넉장거리로 나가떨어졌던 일, 여름날 방죽에서 헤엄치다 키 넘는 곳에 빠져 허우적거렸던 일, 가을날 울안의 먹감나무 꼭대기에 올라가 홍시를 따려다 떨어졌던 일이 생각난다. 모두 벼랑 사이에 걸린 외나무다리가 금방 끊어질 듯 위태위태한 순간들이었으나 인명은 재천이라는 말처럼 하나님의 가호로 지금까지 별 탈 없이 살아오고 있는 것으로 여기고 있다.

어찌 보면 우리의 생은 순간과 순간의 연속이요 생과 사를 갈라 놓는 순간들이다. 그리고 그 순간들을 신이나 초자연적인 절대자가 섭리하고 있지 않을까 생각한다. 우리가 지각이나 감각으로 경험할 수 있는 세계와 달리 신의 뜻이나 행위가 미치는 또 다른 세계가 있다고 본다. 아무리 과학이 발달하고 우리의 지식수준이 높아져도 우리가 알 수 있는 것은 빙산의 일각에 불과하다. 나는 분명 신령스러운 존재가 있다고 보며 믿음으로 받아들여 깊이 의지하고 있다. 종교적 환상일 뿐이라고 누가 비판하더라도 굳이 변명도 하기 싫고 또 변명할 나위도 없다. 믿음으로 얻는 평안을 결코 부정할 수 없기 때문이다.

그렇다. 신에 대한 믿음, 이건 솔직히 절대존재에 대한 믿음이다. 절대존재가 있고 없고는 상관없다. 존재증명이 안 된다고 허방의 마음을 가질 필요는 없다. 요컨대 믿음은 자신의 마음을 올인하는 것이다. 이는 긴장된 집중력을 요한다. 이것이 무엇인가? 호랑이 굴에서도 정신만 차리면 살 수 있다는 말이 아닌가? 나는 요행히도 많은 우여곡절을 겪으면서 생과 사의 경계에서 오락가락했다. 그럴 때마다 절대존재의 손길인지, 내 속의 간절한 마음이었는지 용케도 죽음을 피해 왔다. 아찔했던 순간들은 결국 그것을 모면하고자 하는 간절한 내 마음이 하나로 모여지는 짧은 시간들이 아닐까? 그래서 절대존재가 미소를 지었는지 모른다.

밥상을 차리며

　좋은 시절 다 갔다. 요즘 들어 끼니를 혼자 챙겨 먹을 때가 많다. 봉급생활할 때는 직장에서 급식하는 밥 외에 매 끼니를 아내가 차려 주었다. 퇴직 후에는 상황이 바뀌었다. 이렇다 할 일거리 없는 나는 괜한 일에 덥적이면서 감 놔라 배 놔라 하는 식으로 지낼 때가 많아졌고 아내는 바쁜 일상으로 출타가 잦아졌다.
　그렇게 지내던 어느 날 외출했다가 집에 왔더니 역시 아내가 보이지 않았다. 잠시 어디 갔으려니 하고 기다려도 돌아올 기미가 없었다. 전화를 걸어도 받지 않았다. 식탁 위에 어디 다녀온다고 쪽지가 놓여 있는 것도 아니고 조금만 기다리라고 전화 오는 것도 아니고 그냥 무작정 기다릴 수밖에 없었다.
　실은 배가 고팠다. 낮에 동호회 모임에서 간단히 점심을 먹고 저녁 일곱 시가 넘었으니 시장기가 들 수밖에 없었다. '도대체, 저녁도 챙겨주지 않고 어디 간 거야?' 마음속으로 짜증을 내었으나 그런다고 한들 시장기가 가시는 건 아니었다. '배는 고픈데, 어떡하나, 좀 더 기다릴까. 아니면 알아서 챙겨 먹을까.' 잠시 망설이다가 밥을 챙겨 먹기로 했다. 아내가 올 때까지 저녁도 안 먹고 있다가 "내가 당신 밥 챙겨주는 사람이야? 내가 없으면 밥도 못 먹어?" 무슨 지청구를 들을 수도 있겠지만 무엇보다 배가 고파 무작정 가만히 기다릴 수는 없었다.

냉장고 문을 열고 밑반찬을 꺼내 놓고 혹시 식은 밥이라도 남았는지 그릇들을 떨거덕대며 살펴보았다. 아내가 먹다 남긴 식은 밥 한 덩이가 남아 있었다. 먹기 싫어 한참을 망설였다. 그때 문득 "찬밥이라도 한 덩이 있으면 감지덕지하지 무슨 따스운 밥 타령이여." 어렸을 적 들었던 어머니의 말이 떠올랐다. 마지못해 식은 밥을 간장에 비벼 먹었다. 시장이 반찬이라더니 밥이 달고 맛있었다.

오늘도 아내는 일하러 밖에 나갔다. 어둑해지면 집으로 돌아오자마자 밥솥부터 열어보며 "밥 좀 지어 놓으면 어디가 덧나?" 핀잔을 놓을게 뻔하다. 그래저래 저녁밥 짓기는 으레 내 차지다. 이제는 밥 짓고 상차림을 하는 일에 이골이 나려고 한다. 자연히 밥때가 되어도 심드렁해질 수밖에 없다. 설거지가 잔뜩 쌓이면 밖에서 해결한다. 부근 식당을 안 가본 곳이 없을 정도다. 입맛에 맞는 식당 몇 군데는 단골집 삼기도 했다. 그런 식으로 식당 순례를 한지 근 십 년이 되어 간다.

사실 알고 보면 나의 혼밥은 최근 시작된 게 아니다. 한 칸짜리 방을 얻어 손수 밥을 지어 먹던 대학 시절과 접점을 이루고 있다. 고봉밥을 먹어도 금방 허기지던 그 시절 나는 자취 초년생이었다. 끼니때마다 기껏 한두 가지 반찬으로 때울라치면 무쇠라도 녹일만 한 식성이 아우성치듯 했다. 이럴 때면 하는 수 없이 도청 옆 골목길에 있는 즐비한 음식점 중에서 반찬이 많이 나오는 진고개 식당을 찾아갔다. 그 당시에는 무려 스무 가지가 넘는 각종 반찬이 나왔다. 빈속을 달래고 남은 반찬은 염치 불고하고 깡그리 챙겨 와서 자취 반찬으로 두고 먹었다. 누가 보아도 참 청승맞은 행위였지만 어찌 보면 나 자신 혼밥족 연습이 아니었던가 싶다.

최근 들어 1인 가구가 늘어남에 따라 홀로 즐기는 문화가 퍼지고 있다. 혼자 먹는 밥, 혼자 마시는 술을 뜻하는 '혼밥' '혼술' 이란 신조어도 등장했다. 이런 말이 시대를 상징하는 단어가 될 줄은 몰랐다. 얼마 전까지만 해도 혼자 밥 먹기는 궁상과 외로움의 상징이었다. 지금은 고급 식당에서 홀로 식사해도 전혀 이상한 시선을 받지 않는다. 어느새 혼밥, 혼술은 대세가 되고 있다. 신세대나 노인 세대나 마찬가지다. 혼밥 열풍이 일상의 자연스러운 풍경으로 자리 잡고 있다.

원래 우리 전통 식문화도 '혼밥'이었다. 얼굴 마주 보고 밥알 튀기며 먹는 것 자체가 실례였기에 한 사람씩 독상을 차려 먹었다는 애기가 있다. 불과 백 년 전만 해도 가가호호 소반이 즐비하게 걸려 있었고, 신분 고하를 막론하고 어린애까지 몫몫이 독상을 차지하여 식사해 왔는데, 일제 강점기와 육이오 전쟁을 거치면서 먹고 살기 힘들어지자, 겸상 문화가 자리 잡았다고 한다.

그동안 나의 혼밥 경험을 돌이켜 보면 장점도 많았다. 우선, 원하는 시간과 장소에서 먹고 싶은 음식을 맘껏 먹을 수 있어 좋았다. 식사 속도가 느리거나 빠른 사람과 보조 맞춰 먹을 일이 없고 음식 맛을 충분히 음미할 수 있었다. 재미없는 농담에 억지로 웃어주지 않아서 좋았고 침묵을 메울 이야깃거리를 찾지 않아서 편안했다.

하지만 아무리 좋은 것도 지나치면 모자람만 못하듯 혼밥이 마냥 좋기만 한 건 아니다. 오랜 벗들과 이래저래 연결된 사람들을 만나 교분을 나누려면 겸상밥이 좋다. 나는 일주일에 두세 번 이상 가깝게 지내는 사람들과 모여 함께 음식을 먹는다. 여럿이 먹으면 더 맛있다. 식사는 단순히 먹는 것이 전부가 아니다. 이야기하고 정을 나누는 행위다. 처음 만난 사람과 밥을 먹음으로써 서먹서먹한 분위기를 풀기도 하고 소원했던 관계를 회복시키기도 한다.

내가 어릴 적만 해도 가족을 가리켜 '식구'라고 하는 게 어색하지 않았다. 식구는 말 그대로 가족들이 한 상에 둘러앉아 함께 음식을 먹는 음식 공동체. 끼니때마다 식구끼리 함께 먹는 즐거움이 가득했다. 대소쿠리 속에 쉰 보리밥을 씻어 먹던 추억은 아니라도 우리 식구들 그 누구도 밥 타령이나 반찬 타령을 하지 않았다. 밥 먹을 시간이 되면 집에 들어갔고 누군가 오지 않았으면 배고픔을 견디며 기다렸다. 밥을 먹는다는 건 허기를 채우는 것 이상의 의미를 지녔다. 온 식구들이 식탁에 앉으면 화목한 분위기가 넘쳐흘렀다. 밥상머리마다 정이 서리고 이야기꽃이 피어났다. 나는 지금도 가족들의 밥때가 즐거워야 행복한 가정이라고 생각하고 있다.

한편 밥맛이란 측면에서 보면 예나 지금이나 혼자 먹거나 여럿이 같이 먹거나 맛있는 건 매일반이다. 함께 먹을 사람이 없다고 해서 미각이 주는 즐거움이 감소하는 건 아니다. 그런 면에서 독상이든 겸상이든 간에 맛있고 즐겁게 먹는 행복은 같아야 하지 않을까.

다시 생각해 본다. 이 세상에서 정말로 기쁨을 가져다주는 것은 얼마나 있을까? 나라면 두말할 나위도 없이 음식을 첫손으로 꼽을 것이다. 나 같은 평범한 일상에서 먹고 마시는 재미만 한 것이 과연 얼마나 더 있겠는가.

음식은 정성과 사랑이다. 또한 한 그릇의 밥과 한 종지의 반찬은 생명이기도 하다. 밥상에 놓인 음식은 그러므로 입으로 들어가는 물질만은 아니다. 사랑과 정성 그리고 중요한 생명을 먹는다. 맛과 냄새 그리고 소리와 조리하는 모습 모두가 동원된 모듬체가 생명을 채운다. 음식 맛은 바로 이 점에 있지 않을까?

오늘따라 밥이 유별히 맛있다. 아내가 푼 밥그릇의 밥을 먹으면 속이 편하고 맛있는 이유를 알 것만 같다.

마음이 허망해질 때

어쩌다가 휑 뚫린 공허감으로 마음을 걷잡을 수 없을 때가 있다. '아아, 이 공허! 내 가슴속에서 뼈저리게 느끼는 이 무서운 공허! 한 번만, 단 한 번만이라도 그녀를 내 품에 꼭 껴안을 수 있다면 이 끔찍한 공허는 완전히 메워질 수 있을 텐데….' 괴테의 『젊은 베르테르의 슬픔』 글 인용문이다.

젊은 시절 한때 내가 한 여인을 그리워하며 느꼈던 감정이기도 하다. 그러나 그 무엇이든지 영원하지 않고 변한다. 사랑도 우정도 우주를 포함한 이 세계의 모든 것들도 환경과 상황에 따라 결국 변하거나 사라지게 된다. 나이가 들어가니 열정이 식고 또 다른 의미의 공허가 찾아오는 것 같다.

며칠 전에는 한동안 연락이 뜸했던 한 친구를 만났다. 어떻게 지내느냐고 물으니 최근 병원에서 수술받고 퇴원하여 요양 중이라고 했다. 그동안 집에서 몸조리하면서 몇 날 며칠 동안을 무료하게 지냈더니 괜히 허무하고 공허한 마음이 들어 마음을 걷잡을 수 없었단다. 과연 내가 무엇을 하고 있는지, 잘하고 있는지, 어떻게 해야 하는지 등 자문을 되풀이하면서 자신의 신세를 곱씹었다고 한다.

나는 그 친구에게 그러면 그렇게 틀에 박혀 지내지 말고 일상의 소소한 풍경과 장면에 관심을 가져 보라고 권했다.

"공허할 땐 밖으로 나가 아침에 들리는 새소리, 등교하는 학생들의 재잘거림과 일터에 나가는 사람들의 콧노래를 감상하고, 거리에서 마주치는 사람들, 상점들, 심지어 잘 포장된 길과 가로등에 감사하고 친절한 인사를 던지다 보면 마음이 밝아지고 활기가 되살아날 거네."

친구와 헤어져 돌아오면서 과연 나는 허무감을 잘 극복해 오고 있는지 돌이켜 보았다. 직장에 다니던 시절에는 휴일이나 방학 때를 빼놓고 늘 일에 매여 바쁘게 지냈다. 그러다 보니 허무함을 느낄 틈이 그리 많지 않았다. 오히려 정년퇴직하고 여유로운 시간을 가지면서 인생의 허무와 무상을 느끼는 빈도가 늘어났다.

삶을 달관하고 관조하는 자세로 살만한 나이에 도달하였는데도 가슴속으로 파고드는 공허감을 떨쳐 버릴 수 없다. 무엇을 해도 허전한 마음이 채워지지 않는다. 잔잔한 바다 가운데에 홀로 서 있는 섬 같은 고적감에 휩싸일 때도 있다. 내 푸념을 잘 들어주는 아내가 나들이 갈 때는 하루 종일 따분해진다. 집이 썰렁해지고 정적이 감

돈다. 텔레비전을 보고 있어도 가슴 한 귀퉁이에 찬바람이 인다.

지난달에는 신종 코로나19에 감염되어 된통 앓았다. 일주일 동안 외부와 격리되어 집안에서 자가 치료를 받았다. 며칠간 계속 두통·인후통·기침으로 시달렸다. 후각과 미각이 둔화되어 냄새, 짠맛, 신맛, 쓴맛 따위를 잘 느낄 수 없었다. 밤에는 선잠을 잤다. 외출을 삼가고 온종일 방안에만 있으려니 무료하기 짝이 없었다. 몸이 찌글거리니 만사가 귀찮아졌고 무엇을 해도 기쁘지도 않았다. 하루하루가 힘겹고 지겨웠다. 별별 생각과 함께 헛된 망상이 오락가락했다.

지난주에는 세 번이나 문상하러 갔다. 뜻밖의 사고로 두 분이 돌아가시고 노환으로 한 분이 별세하셨기 때문이다. 특히 엊그제 만났던 사람이 갑작스럽게 유명幽明을 달리하니 허망하고 망연스러웠다. 슬픔에 잠겨 있는 상주들이 안타까웠다. 사람이 죽으면 이 지상의 그림자에 불과한 육신의 구속에서 벗어나게 된다는 말이 있지만, 죽음 뒤의 일을 누가 알 수 있으랴. 인생이란 본래 허망한 것이 아닌가. 땅에서 손에 쥐었던 것들, 이루어 놓은 것들, 몇 세대가 지나가면 누가 기억이나 하겠는가. '너 나 할 것 없이 인생이란 저 하늘에 떠도는 구름 같구나.' 생각하면서 인생무상을 실감하였다.

돌이켜보면, 그동안 허무감에 빠진 적도 꽤 많았다. 그러나 그럴 때마다 크나큰 어려움 없이 잘 극복해 왔다. 나이가 들면서 삶의 유한함 속에서 아름다움을 발견할 수 있었고 매사에 감사할 줄 아는 마음을 가지게 되었다. 거리에서 폐지를 줍는 할아버지, 음식점에서 시중하는 아르바이트생들, 길가에 쌓여 있는 쓰레기를 치우는 있는 환경미화원, 늦게까지 불이 켜진 도서관의 학생들, 저녁 막차 시내버스를 기다리는 사람들…. 이러한 이웃들의 모습을 가만히 보고 있노라면 그들의 삶의 의지가 나에게 신선한 감동으로 다가오기도 했다.

문득 "비록 나의 겉모습은 갈수록 후패하나 마음은 날마다 새롭다."라는 말이 생각난다. "그러므로 우리가 낙심하지 아니하노니 우리의 겉 사람은 낡아지나 우리의 속사람은 날로 새로워지도다"라는 사도 바울의 말도 떠오른다. 젊은 시절에는 그냥 스쳐 지나쳤던 말이다. 그러나 이제 와 생각하니 하나도 틀리지 않는다.

늘 새로운 마음가짐과 자세를 갖고 지금의 나를 무한 긍정하기 위해 힘쓰다 보면 어느 날 어둡고 휑 뚫린 공허감이 밀려와도 능히 견디어 낼 수 있으리라. 어쩌면 허망 속에 허망을 쫓아 보는 것도 더욱 사람다운 일이 아닌지 모르겠다. 세상사 모든 게 공空이라는 불가의 언어를 다시 주워본다. 애당초 없다면 젊은 날을 채웠던 그 싱싱하고 푸른 시간들은 도대체 뭐란 말인가? 그 역시 영화처럼 스크린에 명멸한 환상인가? 되집어 생각해 보면 이게 나이 듦의 흔적일 것이다. 그렇다면 허망하고 공허하기 짝이 없는 생의 편편들을 그대로 인정해야 이 나이에 값하는 정신이 아닐까 싶다.

무덤 산책자

요즈음 파묘하는 이들이 많다. 조상을 버리기 위해서가 아니다. 현실은 변하기 마련이라 거기에 발 디딘 삶도 그에 따른다. 삶은 '지금 – 여기'에서 언제나 가동된다. 파묘 행위 역시 현실적 상황을 따른 것이리라. 예컨대 자신의 사후에 자식들이 과연 벌초나 성묘를 할 수 있는지에 대한 회의적 반응이다. 공자는 변하는 현실에 맞춰 사는 게 현명하다고 했다. 이를 시중時中이라고 했다. 오늘날 묘를 아예 없애거나 자연장이 유행하는 것도 상황과 시대에 맞춰 행하려는 장묘문화의 현상이 아닌지 모르겠다. 아니면 원래로 돌아가려는 통 큰 생각이 묘지를 기피했을 수도 있다.

나는 종종 인근의 묘지를 찾곤 했다. 이 묘지는 무거운 침묵에 가라앉아 있다. 그곳에서 부는 바람은 왠지 스산하게 느껴진다. 무덤을 찾는 건 망자가 그립고 아쉬워서가 아니다. 공포체험을 하기 위해서도 아니다. 그저 사라지는 것들에 갖는 평범한 애상감에서이다.

  아무리 그렇다 해도 한밤의 묘지는 몸을 오그라들게 한다. 그런데도 나의 발끝은 심심찮게 거기로 향하곤 한다. 남들이 보면 괴벽을 지닌 사람이라고 여길 것이다. 하긴 주검이 보존된 장소이니 찾기를 꺼리는 것은 인지상정인데 왜 아니 그러겠는가? 그런데도 무덤은 내 발길이 자주 찾는 장소가 되었다.

  삶은 죽음으로 종결된다. 뱀이 자기의 꼬리를 물고 있는 우로보로스, 이는 만물의 이치를 고도로 기호화한 것이다. 그렇다면 삶도 종결을 통해 처음을 되짚어 볼 수 있지 않을까. 언제나 견고한 침묵의 벽으로 둘러쳐진 묘지, 그 누구도 출입할 할 수 없는 그곳. 하지만 나는 호기심과 의문을 열쇠 삼아 무덤의 빗장을 풀고 산 자들이 거울삼아야 할 것들을 끄집어낸다. 이런 의미에서 나의 묘지 방문은 순례다. 묘지는 나에게는 또 하나의 교실인 셈이다. 여기서 남은 생을 다잡기 위해 정신을 닦기 때문이다.

  다들 그렇듯이 어릴 적 묘지는 나에게도 기피의 장소였다. 그런데 최근에는 그 생각이 달라졌다. 죽음과 가까워진 나이라서 그런가? 아니면 중세 고딕소설의 주인공이라도 된 건가? 무덤은 한 생이 고체에서 액체로 그리고 기체로 고여있는 곳, 그 플라스마의 언어를 발굴해 나를 조회해 본다. 나는 여기서 생의 의미를 줍는다. 쑥이나 냉이 캐듯 거울의 언어를 캐곤 한다. 여기에 있되, 도저히 여기로 포섭할 수 없는 묘지에서 이승의 몫이 무엇인가를 채집한다. 이런 의미에서 묘지는 터부도 아니며 현실 바깥으로 밀어낼 타자가 아니다. 오히려 현재를 살지게 하는 기억의 정원이다.

일본 사람들은 산야에 봉긋하게 솟은 묘지를 호빵 같다고 한다. 우리에게 묘지는 기림과 모심, 그리고 반성의 장소, 달리 말하면 지성소至聖所이다. 그곳에서 우리는 존중과 사랑, 그리고 깨달음을 얻는다. 그러기에 발끝은 종종 무덤으로 향한다.

전 국토가 무덤화된다고 우려하는 목소리가 있다. 한쪽에서는 머잖아 성묘문화도 사라져 미리감치 묘를 없애는 사태가 벌어지기도 한다. 이 역설의 무덤을 나는 순례하듯 산책하며 죽은 이의 계속되는 삶의 모습을 본다. 그 삶은 당사자 육신의 삶은 아니지만, 남은 자들과의 관계 속에 잔존하는 사회적 삶이다. 사진 속에서, 기념행사 속에서, 그리고 그때 그대로의 모습으로 고스란히 남아 있는 방과 물품 속에서, 죽은 이는 여전히 살아 있다. 시공간적으로 다른 이들과 연결되어 있다. 그렇기에 얼굴 한번 대면한 적이 없는 조상의 무덤에 술잔을 기울이는 것이며, 이름 한번 불러본 적 없는 낯선 사람들의 죽음 앞에 포스트잇을 붙이며 애통해하는 것이다.

그러므로 무덤은 지금의 삶을 다잡고 죽음의 의미를 되새겨 실존을 실답게 하는 나만의 교육장이다. 그건 망자의 삶을 알건 모르건 누구나 피할 수 없는 죽음에 대한 기억이다. 그리스에 모멘토 모리라는 말이 있다. 죽음을 기억하라는 이 문장은 무엇을 말하는가. 조신한 삶을 살라는 오래된 지혜가 아닐까? 그걸 무덤에서 찾아본다. 하여, 나는 기꺼이 무덤 산책자가 된다.

등을 내주는 사랑

오랜만에 반가운 친구를 만나 식당에 갔다. 손님이 밀려오는 점심시간이어서인지 우리가 들어간 식당은 눈코 뜰 새 없이 바빴다. 갑자기 옆자리에서 어린아이가 시끄럽게 울었다. 아이와 함께 있는 엄마가 손님들에게 사과하며 아이를 "어부바!"하며 업어서 밖으로 나갔다. 어부바 소리가 사랑스럽고 정겹게 들렸다. 바로 다음 순간 누나들의 등에 업혀 지냈던 유년 시절이 떠올랐다.

친구와 헤어져 돌아온 뒤, 대구 사는 누나에게 전화를 걸어 안부를 묻고 옛일을 회상하며 얘기꽃을 피웠다. 농사철에 동생인 내가 배고파 칭얼댈 때는 포대기로 업고 들일을 나간 어머니를 찾아가 젖을 먹였단다. 6·25 피난 시절에 걷기 싫다고 곧잘 떼쓰는 나를 업고 십 리도 넘게 걸었던 일이 엊그제 같다고 회고하셨다. 누나의 얘기를 듣고 나니 묘한 감회가 일면서 코가 아릿하였다. 그 어려웠던 시절에도 가족 모두가 얼마나 서로를 사랑하고 소중히 여겼는지를 알게 되었다.

내가 어릴 적만 해도, 지금처럼 육아 도우미나 유모차가 없어 엄마들은 아이를 포대기로 감싸 업고 나들이나 집안일을 했다. 산아제한이 없던 시절이라 동생이 태어나면 누이가 업어 키웠다. 한창 놀고 싶은 나이에 동생을 등에 업고 돌보는 일은 힘들었지만, 으레 그러려니 하고들 감내해야 했다. 물론 우리 집에서도 내가 걸음마를 뗄 때부터 서너 살 때까지는 주로 누나들이 업어 키웠다고 해도 과언이 아니다.

수화기를 내려놓고 누나의 등에 업혀 지냈던 시절을 다시 한번 떠올려 보았다. 해 질 무렵, 나를 업고 동구 밖에서 들일 하러 가신 엄마를 기다리던 누나의 모습이 눈앞에 삼삼하다. 아마 여섯 살쯤이었을까, 어리광을 부리며 누나에게 업어 달라고 졸라 대던 기억도 난다. 그 시절 무언가 불만이 있을 때 어깃장 놓으면 누나는 어부바로 달래주곤 했다. 그때의 나는 너무 버릇없고 물정도 모르고 깜냥도 없는 천상 철부지이었지 싶다. 그 일을 생각하면 마음이 걸린다. 왜 그랬던고. 아무리 어렸지만 지금 생각하면 이마가 붉어진다. 한편으로는 온갖 응석받이, 떼받이 노릇까지 해 주며 따뜻한 등을 내어 주신 누나가 고맙기만 하다. 포근했던 누나의 등을 잊을 수 없다.

많이 업혀본 사람은 안다. 누구나 어렸을 적에 어부바를 경험해 보지 않은 사람은 없을 것이다. 누나가 그 편안했던 등을 내게 내어 주었던 사랑은 내가 어릴 적 받았던 최고의 사랑이고 대접이라 생각한다.

'어부바'에 우선 평안이 담겨 있다. 업혀보면 서로의 체온이 따뜻하고 편안하다. 등은 남에게 내어줄 때 가장 넓고 성스럽다. 내가 엄마나 누나 등에 업혀 있을 때는 운동장처럼 넓었고 모닥불보다 더 따스했다. 그게 너무 좋았다.

아이가 어부바하고 있을 때는 아무런 걱정도 없고 탈도 없다. 아이는 아무에게나 어부바하지 않는다. 자기에게 가장 친숙한 냄새와 심장 박동 소리를 들으며 저절로 잠에 빠질 수 있는 누군가의 등에 자기를 온통 맡겨버리는 것, 그게 어부바이기 때문이다. 우리네 전통적인 삶은 그렇게 어부바를 바탕으로 한 가족애로 이어져 왔다.

나는 지금도 가끔 업히고 싶을 때가 있다. 어두운 우울함에 시달릴 때, 지치고 울고 싶을 때, 잠이 오지 않아 밤새 이불을 들썩들썩하며 뒤척일 때. 따뜻한 등을 내밀어 주며 나를 달래준다면 곧 안정을 찾고 단잠에 빠져들 것 같다. 현실적으로는 마법 램프 속 지니가 내 앞에 나타나 나를 업어주고 달래줄 일은 없을 것이다. 그런데도 가끔은 등에 업히고 싶은 생각이 드는 이유는, 사랑과 외로움에 대한 욕망 때문일지도 모른다.

인간은 종종 다른 사람의 지지와 도움을 받아 성장한다. 나도 자주 다른 사람의 도움이 필요했다. 가끔은 남의 짐을 져야만 할 때가 있었다. 그 짐이 힘겨워 비틀거릴 때도 있었고 잠시 짐을 내려놓고 쉴 때도 있었다. 그럼에도 무게를 전혀 느끼지 않고 행복했을 때는 '어부바'하며 아들딸을 등에 업었을 때였지 싶다. 그때의 나는 자식들의 웃음소리와 체온을 느끼며 부모로서의 즐거움과 보람을 느꼈다.

사실 나는 그동안 내 아이들에게 등을 내밀어 어부바를 해준 일이 별로 없다. 이런저런 핑계로 아이들과 시간을 보내지 못했고, 어부바를 해주기보다는 무얼 해달라고 채근할 때가 많았다. 이제 와서 생각해 보니 후회가 된다. 이제부터라도 가족, 친구, 사랑하는 이들, 그리고 이웃들을 위해 나의 손길을 내밀고, 등을 내주어 따뜻한 마음을 건네고 싶다.

고독하지 않은 사람이 어디 있으랴

나는 어려서부터 몹시 외로움을 탔다. 그게 고독이었을까? 그 까닭은 지금 생각해도 잘 모른다. 나에게는 부모 형제 친척 친지가 자신들의 몸처럼 돌봐주었으니, 혈육의 부재에서 오는 외로움은 아닐 것이다. 좀 더 정확히 말하면 내가 어려서 느낀 것이 고독이라고 스스로 깨닫고 있었던 것 같지도 않다. 좀 철이 든 뒤에야 고독이라고 자각되었다고나 할까.

십 남매 중 첫째로 태어난 나는 초등학교에 다닐 때까지 외아들이었다. 부모의 각별한 관심과 애정 속에서 자랐지만, 동생들이 태어나고 부모가 동생을 돌보는 시간이 많아지며 관심 밖으로 밀려나기 시작했다. 어린 동생들에게 부모님의 정이 더 끌린 내리사랑이었던 게다. "동생 봐야 하니까 알아서 좀 해.", "동생을 좀 챙겨야지.", "네가 우리 집의 기둥이야."라고 부모님이 내게 한 말 가운데에 은연중 암시되고 있었다. 나도 모르게 동생들에 대한 부담감, 때로는 책임감을 느끼며, 홀로서기를 해왔던 외로움이 깊게 자리 잡아 가고 있었다. 더 나아가 이성 친구를 사귀거나 결혼을 한 뒤에도 역시 고독은 가실 줄이 없었으니, 이것은 어찌 된 까닭인지 모르겠다.

높은 지성으로 인류에게 삶의 지혜를 가르쳤던 분들은 어땠을까? 위대했던 분들의 고독도 흥미롭다. 석가모니 부처는 외롭지 않았을까. 엄청나게 외로웠을 것이다. 고독하지 않았을까, 엄청나게 고독했을 것이다. 깨달았다고 해서 외롭고 고독하고 슬픔이 없다고 생각지 않는다. 6년 동안 홀로 고뇌한 끝에 부처가 되었다고 하지 않았던가. 물론 성불하여 무아의 경지에 이른 뒤에도 고독했다고 할 수는 없다. 왜냐하면 고독은 어디까지나 자아가 있는 데서만 가능하기 때문이다.

공자도 고독을 벗어나지 못했던 것이 분명하다. 〈춘추〉를 짓고 나서 '나의 생애의 진정한 뜻을 알아주기를 바라는 것도 오직 이 〈춘추〉로써 할 수밖에 없고, 나의 월권, 나의 삶을 정죄하는 것도 오직 이 〈춘추〉로써 할 수밖에 없을 것이로다!'라고 표현한 것으로 미루어 볼 때 고독한 심정을 짐작할 수 있다. 그뿐 아니라 소위 철환천하轍環天下라 하여 긴 세월에 걸쳐 광야를 유랑한 것도 역시 고독의 증좌라 하지 않을 수 없다.

세계에서 가장 큰 종교인 기독교의 창시자 예수도 고독했을까.

가장 고독을 호소하다시피 했던 이는 예수다. 그가 십자가를 지기 전 마지막 밤의 겟세마네 동산에서 땀이 땅에 떨어지는 핏방울과 같이 되었던 혼신의 기도는 그의 고독 절정을 보여주는 장면이다. 이 기도 장면을 보면 고독한 하나님 아들의 모습을 대하게 된다. 따르는 수많은 군중은 물론이고 3년 내내 동고동락했던 제자들조차도 자신과 같은 마음을 가진 자가 한 명도 없다는 걸 깨달은 예수는 얼마나 고독했을까. 석가나 예수처럼 성인은 절대고독으로 탄생하는지 모른다. 그들은 고독의 길을 걸으며 자아를 발견하고 세상의 고독을 확인했을 것이다. 그리하여 고독으로부터의 단절을 위해 끊임없이 고독한 자아의 여행을 감행했을 것이다.

예수처럼 타인들에 둘러싸여 살아가면서도 내면의 고립감으로 번민하는 사람들은 예나 지금이나 있기 마련이다. 얼마 전 일이다. 코로나19에 감염되어 일주일 동안 바깥출입을 못 하고 방 안에 갇혀 지내자니 까닭 모를 고적감에 휘말려 드는 것을 느꼈다. 하기야 이는 절대경지의 고독이라기보다는 타인과의 단절 즉 고립에서 오는 어쩔 수 없는 외로움이다. 어쨌거나 누구도 나를 대신할 수 없고, 내가 그들을 대신할 수도 없다는 생각이 들었다.

인간은 본질적으로 고독하다. 『그리스인 조르바』를 쓴 카잔차키스는 말한다. 고독은 인간의 숙명이라고. 사람은 누구나 혼자서 세상에 나와 혼자서 떠난다. 자기 혼자의 생애를 혼자서 살고 자기 혼자의 죽음을 혼자서 맞는다. 인간은 개체요 독립된 존재이기 때문이다. 산다는 것은, 깊은 고독 속에 있는 것과도 같다. 인간 각자는 결국 외롭고 고독한 존재다.

미국의 사회학자 리스먼이 사용하였다는 '군중 속의 고독'이라는 말이 생각난다. 현대인은 군중 속에 묻혀 있어도 개인적으로는 여전히 고독하고 고립된 존재에 불과하다는 말이다. 해체되어 가는 가족 제도와 도시인의 고독. 군중 속에서 오히려 고독을 느낀다고 하지 않던가. 사람은 고독이 싫어서 사회를 만들었는지도 모른다.

인간관계의 연결성을 잃어버린 현대인은 말할 수 없는 고독을 느낄 수밖에 없다. '릴케'는 인간의 존재 자체를 고독이라는 말로써 환치했다. 실존주의에서도 인간은 본질적으로 고독하고 절망적인 '한계 상황'에 처해 있다고 주장한다. 일찍이 덴마크 철학자 키에르케고르가 고독을 죽음에 이르는 병이라고 했던 고독도 다름 아닌 자폐화된 단독 자의식에서 비롯되는 정신 현상으로서 퇴행과 무관하지 않은 맥락을 갖는다.

고독, 사실 그게 치료해야 할 병은 아니다. 너도나도 외롭고 쓸쓸하다는 사실을 알고 나면 차라리 홀가분하다. 우리 모두 함께 외로운 것이라면 따로 또 같이 외로워도 괜찮지 않나 싶다. 복잡한 삶 속에서 나를 성찰하기 위해 필요한 건 결국 고독의 시간이 아닐까.

"너 어린아이 때 내가 들일하고 집에 돌아와 보면 흙 놀이하면서 혼자서도 잘 놀더라."고 어머니께서 생전에 하셨던 말씀을 잊을 수 없다.

아름답게 늙는 것

　오랜만에 만난 친구의 첫마디가 "자네 그동안 늙었구려"하는 것이었다. 나는 순간 깜짝 놀랐다. 그렇다고 내가 뭐 내가 아직 젊다고 생각해서가 아니다. 그래도 그렇지. 오랜만에 만난 인사가 이거라니, 솔직히 속상했다. 이 말을 같이 늙어가는 처지의 친구에게 들긴 처음이기 때문이다.

　우리는 오랜만에 누굴 만나면 으레 "점점 더 젊어집니다."하고 인사하며 듣는 편에서는 그것이 거짓말인 줄 번연히 알면서도 좋아한다. 언어학에서는 이런 말을 사교적 기능의 언어라고 한단다. 상대와 친교적 관계 유지를 위해 실제와는 달리 말하는 것이다. 아침 출근길에 똥을 밟았는데, 멀찍이서 지인이 어, 잘 지냈지? 하면 대답이 시큰둥해서는 안 된다. 응, 덕분에, 자네도 잘 지내지? 이렇게 우리가 사용하는 말은 사실과는 멀리 있는 표현들이 많다.

아무튼 무탈한 삶과 젊어지고 싶은 욕망이 인간의 본능이고 보면 과히 친구 탓만이라고도 할 수 없다. 그러나 다 늙은 사람이 필사적인 노력으로 젊은이처럼 꾸미고 거리를 활보하는 것은 꼴불견이다. 그 의지는 존중하지만 이미 물은 흘러 지금 여기가 아니라 저쪽 강기슭에 도달했는데, 애써 시간을 왜곡할 필요가 있나? 하는 생각이 든다. 내가 알고 있는 한 친구의 손자는 제 어머니를 학교에 절대 못 오게 한단다. 이유인즉 어머니가 너무 젊게 차리고 다녀 친구들이 놀려 창피하다는 것이다. 역시 그 어머니는 그 학생의 어머니답게 남의 눈에 비쳐야 했다.

그런데 사람들은 왜 그런지 자기의 직업이나 신분에서 오는 이미지와 부합되어 뵈는 걸 과히 좋아하지 않는다. 교회 목사더러 어딘지 목사님 같다면 반가워하지 않고, 학교 교사더러 훈장 냄새가 난다고 하면 화를 내고, 회사원에게 샐러리맨 같다면 내가 그리 쩨쩨해 뵈느냐고 불쾌해한다. 그리하여 시집가서 애가 서넛 있는 부인에게 처녀 같다고 아첨하는 난센스가 생긴다.

이렇게 자기가 자기 되길 거부함은 아주 묘한 심리인데 이것은 흔히 자기 불만에서 오는 수가 많다. 자기가 자기 아닌 결코 될 수도 없는 남이 되길 바라는 일처럼 불행한 일이 또 있을까 자기가 종사하는 직업이 몸에 배어 그것이 밖으로까지 풍길 때 그것은 이미 그 사람은 그 일에 '도사'가 됐다는 뜻일 것이니 화를 내기는커녕 그

보다 더한 칭찬은 없을 것이다.

  늙는 것도 마찬가지다. 늙는다는 것은 그만큼 오래 많이 살아서 많은 것을 보고 경험했다는 의미다. 대중가요 말대로 시간에 익어 가는 것이다. 조금도 수치스러워 감출 것이 없다. 적어도 떳떳하게 살아왔다면 말이다. 얼굴의 주름살은 인생의 업적이다. 자기 얼굴에 스스로 책임지라는 말이 있지 않은가, 아름다운 생활을 하는 사람은 아름답게 늙고, 일그러진 생활을 하는 자는 험상궂게 늙는다. 살인한 사람의 얼굴이 결코 자비롭게 될 수 없을 테니 말이다.

  약방의 감초 같은 얘기를 하나 해본다. 내가 젊었을 때 바람둥이 친구가 하나 있었다. 이 친구는 얼굴이 못생겼거나 몸맵시가 없어 남자들이 거들떠보지도 않는 여자들만 상대하는 것이었다. 이 친구 말로는 못생긴 여자일수록 속궁합은 훨씬 더 좋더란다. 지금 와서 돌이켜 보면 이 친구야말로 일찌감치 도통한 경지에 도달하지 않았었나 싶다. 우스개 이야깃거리에 불과하나 그 말은 사람의 진정한 가치는 외면이 아닌, 내부에 있다는 뜻으로 받아들였다.

  한 예로 사람들의 선호 대상인 건강하고 잘생긴 미남미녀의 잣대를 살펴보자. 몸은 건강해도 마음이 불구이거나 외모는 아름다워도 심보가 고약한 사람이 있을 수 있지 않은가. 콰지모도는 성당 종지기다. 꼽추인 데다 외모도 추루하다. 하지만 그의 영혼만은 순수하기 이를 데 없다. 얼굴에 분칠하고 화려한 옷으로 젊음을 가장하려는 노력을 마음의 세계로 돌려 무욕의 경지에서 참을 찾는다면 '아름다움은 참'이라고 외치지 아니더라도 우리는 영원히 늙을 줄 모르는 청년이 되지 않을까?

젊음과 늙음, 청년과 노년은 시간의 결과물이 아니다. 시간을 단지 하나의 컨베이어벨트일 뿐이다. 시간은 그것을 승차한 채 무연히 움직일 뿐이다. 그렇다면 늙음은 도대체 뭐란 말인가. 의식이다. 뭔가 실현하려는 정신 말이다. 그렇다면 의식은 의지다. 의지의 불꽃이 사위지 않는 한, 늙은 몸에 들어 있는 의식은 꼿꼿할 것이고 그렇다면 이미 늙은 청년이 된 것이나 진배없다. 무르팍이 나간 청바지를 입고 외출을 하는데, 아내가 낯선 노부인이 되어 나를 멀거니 본다. 너무 오버했나?

| 평설 |

회상기억과 현실의 만남

회상기억과 현실의 만남
- 이희석의 수필세계 -

이원희 교수

글 싣는 순서

1. 들어가며

2. 담담한 문체의 미학

3. 회상기억으로 재생되는 과거 그리고 현재
    3.1. 희미한 옛 시간에 대한 향수와 미래적 다짐
    3.2. 회상된 것들의 의미
    3.3. 자기정화를 위한 자연살이

4. 발견과 해석의 찰진 문장을 위해

1. 들어가며

뚝 까놓고 말하면, 평설이란 작가와 독자의 중앙, 즉 점이지대에 위치한다. 만약 작가 쪽에 기울면 흔히 주례사 비평이 되기 쉽고, 독자 쪽에 비중을 두면 작품해설에 그치고 만다. 그래서 평론은 중간 지대에서 양쪽을 아우른다. 작가에게는 창작의 동력인 정신성과 그것의 예술적 처리 과정에 대한 제안이자 질문이며, 다른 한편으로는 작품세계를 독자에게 이해시키며 독자의 해석적 판단의 지평을 제공하는 안내자 역할도 해야 한다. 이 점에서 평설은 접시저울 양쪽에 각각 작가와 독자를 얹어놓고 미적 거리재기를 시도하는 글이라고 말할 수 있다. 해서, 평설은 작가와 독자의 사이에 위치해야 한다. 정리하면, 작가나 독자 모두에게 열림의 지평을 지향하는 글이 곧 평설이라고 할 수 있다.

필자는 여기까지 쓰고 커피를 마셨다. 검고 뜨거운, 그 악마의 유혹을 입 안에 넣고 평설 쓰기를 이어 나갔다. 악마의 유혹에 넘어간 탓인지, 이 수필집에 실린 작품들을 들여다본 소회는 유감스럽게도 깊게 파이지 않았다. 커피처럼 마음이 왠지 어둑해졌다. 그러나 한편으로는 하나의 소재에 매달리는 작가의 집요한 근성과 개별 작품에서 달달한 맛도 두루 느낄 수 있었다. 수필의 풍경이 어둡게 필자의 가슴으로 깊게 뚫고 들어왔거나, 달달함을 안긴 이유를 평설로 늘어놓을 작정이다. 혹 작가가 서운하게 생각할까? 악마의 유혹에 넘어가서 그러리라 여기신다면 그나마 덜 무겁겠다.

2. 담담한 문체의 미학

이희석 작가의 이번 수필집에 동원된 언어와 그것들이 버무려진 표현 그리고 무엇보다도 수필에 깔린 작가의 목소리는 대체로 평범하다. 또한 다루는 소재도 가족, 유년, 부모와 사물 등으로 일반적인 범례에서 크게 벗어나지 않았다. 이 점은 이 책이 수필의 영역에 바투 있음을 말해준다. 과거 경험사를 질료로 삼아 글쓰기가 진행되는 게 일반적인 수필의 풍경화이기 때문이다. 한 마디로 이 책은 일반적 수위에 놓인 수필집이라고 할 수 있다. 그러므로 수필집에 수록된 개별작품은 독특하고 개성적인 영역으로 뛰쳐나가지 않고 일반적인 수필 개념에 맞췄다. 이 점에서 책 전체를 관통하는 이희석 작가의 글쓰기 패턴은 굳이 해석을 필요로 하거나 어떤 정신성 발굴을 딱히 요하는 기교를 부리지 않는다. 그렇다면 이렇게 비유해도 괜찮을까? 이 수필집은, 화장으로 말하면, 크게 표나지 않고 한 듯, 안 한 듯, 그저 담담하게 하는 담장(淡粧)이다. 그러니 글의 피부색을 통해 그 안의 근골을 어렵지 않게 짐작할 수 있다. 독자의 이목을 잡아당기는 응장성식의 화려한 단장(丹粧)과는 거리가 멀다.

이는 사유가 얕아서라기보다 삶의 기록 그리고 기록된 것들에 대한 회상 기억으로 수필은 존재해야 한다는 작가의 수필관에서 비롯된 것으로 본다. 따라서 이 수필집은 굳이 분석과 해석, 검토와 종합이라는 비평적 행위를 요하지 않는다. 이런 맥락에서 이 평설은 독자에 대한 배려가 아니다. 수필을 읽으면서 독자는 대번에 수필세계의 내·외적 풍경을 알 수 있기 때문이다.

독자의 이해를 도모하지 않는 이 평설이 그렇다면 왜 필요한가? 다분히 접시저울 다른 쪽, 즉 작가에게 하고 싶은 말이 있기 때문이다. 평소 필자는 우리나라 수필 쓰기가 하나의 어떤 틀에 갇혀있다는 점을 많이 보아왔다. 우리 시대 수필 쓰기의 각질화된 패러다임이 되다시피 했다고 여겨진다. 그렇게 쓰지 않으면 수필이 아닌 양, 대부분의 수필은 삶이 밟아온 발자국의 언어가 지배한다. 말하자면 경험의 사유화가 이루어지지 않는 글들이 참으로 많다. 그러나 되풀이 하거니와, 문학은 작가가 지은 마음의 집이다. 여기에서 비껴간 작품들은 대체로 과거와 현재를 두부 자르듯이 잘라서 양립적인 글쓰기를 보인다. 하지만 수필이라는 거울 앞에서 비춘다면 이 역시 바람직한 수필 쓰기라고 할 수 없다. 시간을 분할하는 구조는 스포츠 경기처럼 전반과 후반으로 기계적인 분리가 이루어질 수밖에 없다. 이에 따라 수필은 경험과 현재의 소회라는 글의 내질이 한몸으로 육화되지 않은 채 양분된다. 요컨대 과거를 호명해 현재의 작가 소회를 드러내는 수필은 이분화된 형질을 나타낼 뿐이다.

이게 진정 수필이 흐르는 물길이라면 어쩔 수 없다. 가벼움의 시대이니 수필도 따라야 한다며, 그래야 시나 소설처럼 귀족의 왕좌에서 내려와 수필이 대중 독자에게 다가갈 수 있다는 목소리도 일리는 있다. 하지만 숲은 여러 나무들의 동거로 아름다움을 이룬다. 나무는 자기들끼리만 놀지 않는다. 참나무, 진달래, 서어나무, 단풍과 조릿대가 서로 어울려 앙상블을 이룬다. 또한 나무는 다른 나무는 말할 것도 없고 바람, 새소리, 물소리, 심지어는 호수와 구름 그리고 마루금과도 흔연히 어울려 숲의 풍경을 이룬다. 한 편의 수필도 그래야 한다. 과거와 현재, 경험과 사유, 주체와 객체, 여기와 거기를 두부 자르듯이 확연히 구분 짓지 않고 한 편의 글에 섞여 있어야 하지 않을까? 요컨대, 수필은 '흐릿한 투명함'의 명도 조절이 필요한 글이다. 흐릿하게 지울 것은 경험영역이고, 투명하게 내세울 것은 경험에 대한 작가의 현재적 사유이다. 그래서 앞선 모순어법이 가능하다. 저 높은 곳은 얼마든지 있다. 관행이 되다시피한 이원화된 수필 쓰기, 과연 온당한가? 섞박지나 김치가 맛난 이유는 동원된 여러 요소들이 흔연히 어깨동무를 했기 때문이다. 바로 스밈의 미학이다.

수필처럼 대중적인 장르도 없다. 하지만 사랑은 아무나 하냐는 유행가 가사가 있듯이, 수필 역시 아무나 쓸 수 있는 글이 아니다. 누구나 쓸 수 없는 이유는 수필이 수필가의 의지의 산물이기 때문이다. 그 의지는 경험을 검색해서 엄중하게 자신을 들여다보면서 철저한 반성으로 나온다. 이런 맥락에서 수필이야말로 작가 개인의 정신적 지위를 보여주는 대표적인 장르다. 말하자면, 수필가는 자기 발원적인 저자이고 수필은 그 표현이다. 왜냐하면 수필의 질료는 작가의 경험사이며 수필을 채우는 건 그 경험사에 대한 작가의 고백이 드러나기 때문이다. 한 편의 수필은 거기에 녹아있는 경험에 대한 작가의 현재 소회라는 점에서 수필이 곧 작가의 정신적 위치를 드러내는 가늠자인 셈이다.

이 생각을 밀고 나가면, 작가는 작품을 생산하는 주체이기에 권위 있는 작품이 곧 작가의 권위를 보장한다. 잘된 작품은 작가가 권위를 확보하는 징후인 셈이다. 이럴 때 진정성 있는 작가라는 평가를 받는다. 작가(author)-권위(authority)-진정성(authentic)을 뜻하는 영어가 모두 동일한 뿌리에서 나왔다는 사실로도 설명 가능하다. 이 점에서 수필은 작가정신의 높이를 가늠케 한다는 문장이 성립된다. 그래서 말할 수 있다. 수필의 무게는 경험의 그것이 아니고 사유의 무게다. 당연히 사유는 현재화된 그것이고 그것이 곧 작가의 정신적 깊이를 보장한다. 경험과 현실의 거리에서 사유는 탄생하고 그 사유가 움직여 언어라는 외적 기호로 드러난 게 바로 수필이다. 만약 그렇지 않고 단순히 경험만 나열하고 사유가 허성허성하다면 작품의 무게 역시 중량감을 느낄 수 없게 된다.

그런데 수필 쓰기의 금기가 있다. 자랑하는 듯한 자기 편애적인 글쓰기가 그것이다. 하늘 아래 완성된 것은 없다. 미약했던 과거 경험들, 걸어왔던 삶의 발자국들이 죄다 작가 자신이나 타인에게 이롭고 아름답게만 보일 수 없다. 따라서 수필은 대부분 오류와 실수 그리고 자기 결핍으로 인해 부끄러움과 부재와 상실의 아픔이 똬리를 튼다. 참회, 성찰, 반성, 고백, 수상 등이 수필의 원조를 이루는 글쓰기 양상을 이루는 것도 경험에 대한 성찰이 들어있기 때문이다. 그 성찰이 지적 능력을 보일 때, 다시 말하면 보편성에 기댈 때, 수필은 개인 읽기에 그치지 않고 세계 읽기까지 확장된다. 이렇게 말하는 이유는 수필은 나의 과거 경험을 일단 읽어야 가능하기 때문이다. 읽으면서 부끄럽기도 하고 아쉬운 점을 발견하면 아아구! 하면서 수필가는 붓을 들어 글을 쓴다. 반성은 미흡했던 것들을 조회한 다음 이를 수정해 차후의 삶이 더 놓은 단계로 이동하기를 전제로 하는 심적 기제다. 그를 가능케 하려면 작가의 사유가 작동되어야 한다. 인간 행위에 대한 성찰적 글쓰기로서 수필은 이제 작가 개인사를 떠나 삶의 세계를 함께 하는 곳을 향한다. 그래서 좋은 수필은 개인 읽기에서 출항해 세계 읽기로 귀항할 수 있다. 이런 면에서 수필의 전진은 경험의 행진이 아니라 사유의 그것이다. 정리하자면, 수필의 시작은 읽기이고, 쓰기는 수필의 끝이라고 할 수 있다. 따라서 수필에서 성찰은 읽기와 쓰기를 두루 지배한다. 성찰이 없는 수필은 폐쇄적인 개인의 넋두리일 뿐이다.

 이런 맥락에서 좋은 수필은 작가 개인적 삶에 대한 준엄한 읽기가 선행되어야 하며 읽기를 통해 발견된 불편한 것들을 사유해 보는 글쓰기를 통해 종결된다. 경험이라는 질료를 가공 처리해서 현재에 내놓는 것, 또는 과거의 현재화, 경험에서 심정을 혹은 사실에서 사색으로의 이동이 수필만의 지닌 고유성이다. 곧 사유된 경험의 서술, 이것이 바로 수필이다. 수필가 역시 경험 향유자이긴 하나, 경험을 통해 어떻게 살아왔는가, 즉 인간의 존재 방식에 대한 성찰이 곧 수필이기 때문이다.

한편 전통적인 입장에서 독자가 책을 읽는 행위는 저자/작가의 생각을 알아내는 과정이다. 쉽게 말해 작가의 생각을 읽는 것, 이것이 진정한 의미에서 독서다. 앞서 수필에는 수필가의 정신이 안개 숲의 소나무처럼 존재성을 드러내야 한다는 의미를 말했듯이, 수필 독자는 수필가의 작품에서 소나무처럼 청정한 작가의 생각을 발견하기 위해 작품을 읽는다. 독자는 수필가가 마련한 경험의 전시장을 둘러보기 위해 수필을 읽는 게 아니다. 수필이라는 마음의 집에서 작가의 영혼과 감성을 느끼고 싶어한다.

평설이나 쓸 일이지 딱히 수필론도 아니면서 장황하게 늘어놓으며 시부렁거리는 건 나름의 이유가 있어서다. 이 책에 수록된 편편의 수필들을 읽으면서 재차 느낀 소회가 컸기 때문이다. 그의 작품 세계는 더러더러 이분화된 글쓰기를 보인다. 과거와 현재가 그것이다. 시간이 이렇게 분할되니 공간도 따라서 그렇고, 진술의 층위도 다를 수밖에 없다. 과거 경험은 그때 그곳의 어휘와 정감으로 채워지고, 여기서 빠져나와 현재의 소회를 담는 부분은 전반부 언어의 무늬와는 다르게 나타난다. 이러한 도식적인 글쓰기는 작가도 독자도 나른하게 한다. 재료인 경험 그리고 그것에 대한 작가의 현재적 소회를 버무리고 섞어서 하나의 맛깔나는 음식으로 나와야 독자는 그걸 먹으면서 정신적 영양도 보충하며 무엇보다도 먹는/읽는 맛을 음미할 수 있지 않을까? 수필가 역시 경험 향유자라는 사실을 부정할 수 없으나 근본적으로 경험을 통해 어떤 존재이어야 하나 즉 사람의 존재 방식을 확인하고 생각하는 게 수필이다. 따라서 시간이 과거, 현재, 미래가 단절되지 않고 연속성을 지닌다는 점을 생각해 볼 일이다. 그렇다면 과거와 현재를 단절하는 것보다는 현재에 숨쉬고 있는 과거, 따라서 과거는 결코 옛 시간이 아니라 어떤 식으로든지 현재를 조직하고 간섭한다는 사실은 누구나 동의하는 바다. 이 점이 수필을 쓰는 과정에서 준용되어야 한다고 본다.

3. 회상기억으로 재생되는 과거 그리고 현재

수필이라는 텍스트는 작가의 내면세계가 바깥으로 나온 것이다. 말하자면 작가정신의 외적 기호이다. 그러므로 당연히 개개의 수필은 작가의 현재성이 들어있기 마련이다. 그건 우발적으로 만들어진 게 아니다. 과거는 망실된 낯선 나라가 아니라 시간의 넌출을 지금 여기에 잇대어 있다는 사실. 그래서 시간을 단절적 층위로 나눠, 과거, 현재, 미래로 딱 부러지게 구분할 수 없다. 지금-여기의 삶의 외형과 내질은 모두 과거의 결과물이고, 아직 도착하지 않은 미래는 지금-여기에서 만든다. 그런데 과거사가 그대로 현재성을 이루는 게 아니다. 여기에는 징검돌이 있기 마련이다. 필자는 이 징검돌을 과거와 현재의 거리이자 동시에 하나로 연결된 다리라고 말하겠다.

  수필가는 경험을 뒤진다. 그것을 반추하고 관조한다. 이 과정에서 사유가 만들어진다. 여기서 사유란 거창한 걸 말하는 게 아니다. 과거 했던 일과 그것을 반추하는 현재 시점과의 정신적 거리재기가 곧 사유다. 과거의 일은 물론 잘한 점도 있지만 대개는 인식 결여로 잘못한 점이 더 많다. 해서, 종국적으로 부끄러운 고백이거나 자랑스러운 일들 혹은 상실과 부재된 것들이 주는 정겨움과 아쉬움 그리고 그리움이 돋아나게 마련이다. 이런 것들의 수필의 피부색이다. 그러므로 수필은 과거사를 재료로 삼아 작가의 현재적 사유를 버무려서 독자의 식탁 앞에 놓인 '읽는 음식'이다. 독자는 이 음식을 읽고 작가의 영혼을 음미하기도 하고 필요한 영양을 보충하며 즐긴다.

3.1. 희미한 옛 시간에 대한 향수와 미래적 다짐

이 점에서 이희석 작가의 수필 세계를 확인하기로 하자. 그의 수필 세계 역시 과거를 서술의 근거로 삼는다는 점에서 일반 수필 쓰기의 범례에서 벗어나지 않는다. 그렇다고 철저히 과거만 다루지는 않는다. 과거가 현재로 이동하는, 일종의 다리 건너기 혹은 문 열고 들어가는 과정적 절차를 장치해 독자를 과거로 초대한다. 이 말은 현재가 과거로 대뜸 들어가지는 않는다는 의미다. 이 점은 이희석 작가의 장점이기도 하다. 필자가 보기에 작가는 통과제의를 인식하며 글을 쓴 듯하다. 춘향이가 감옥을 거쳐야 열녀로 눈부신 재생이 되듯이, 앨리스가 토끼 굴을 통해야 이상한 나라로 갈 수 있듯이, 이희석 작가의 수필들도 작품의 내적 상황이 요구하는 어떤 '문'이 있다. 이것은 과거가 현재로 들어오는 입구이자 현재가 과거로 들어가는 출구이기도 하다. 이런 의미에서 이희석 작가가 작품에 장치한 문은 안쪽이나 바깥이나 열 수 있는 스윙도어이다. 독자는 이를 열고 작가의 과거 풍경이나 작가의 현재 심정을 만날 수 있다.

그렇다면 왜 굳이 문을 걸어 달았을까? 무른 논에 발을 담그자마자 쑤욱 들어가듯이, 독자가 한달음으로 독서할 수 있게 하면 좋지 않은가? 그렇게 하지 않은 이유가 있다. 이 점이 이희석 작가의 특색이기도 한데, 말하자면 작가의 정신적 변화는 과거 경험의 사유화 혹은 반성 결과임을 보여주기 위해서다. 비유하면, 퇴기 딸 춘향이가 원한다고 곧바로 열녀라는 존재론적 상승이 되지 않고 감옥에서 칼을 쓰는 어떤 계기가 있어야 한다는 점을 염두에 둔다면 이해할 수 있으리라. 따라서 작가가 특별하게 장치한 문은, 경험이 사색의 공간으로의 이동하는 관문이다. 작가의 현재적 소회는 문을 열고 과거로 들어가 시간여행을 한 후, 다시 현재로 이동하는, 이른바, 현재-과거-현재의 서술 방식이다. 이처럼 작가는 현재 소회의 근거나 이유를 과거라는 액자 속에서 뒤진 후 꺼내놓는다. 이때 현재에서 과거로의 이동은 결코 과격하지 않고 문이라는 장치를 통과해야 한다. 따라서 독자는 수필 앞부분을 읽으면서 작가의 현재적 소회를 알아챈 다음, 왜 이런 소회인가? 질문의 답을 찾기 위해 작가가 설정한 문을 열어야 한다.

수필집에 수록된 개별작품들 가운데 많은 부분이 이처럼 작가의 과거를 통해 가동된다. 말할 나위 없이, 수필의 일반론 즉 작가의 과거 경험이 수필의 의미 원천이라는 사실에 기대고 있다는 점을 확인할 수 있다. 과거 경험을 회상하면서 더러는 부끄럽기도 하고 아쉽다고 고백한다. 그러나 이것이 시간의 먼 보폭 뒤에서 일어난 일이라면, 다시 말해 과거의 부끄러움과 용렬함이 이제는 시간에 의해 희석되거나 뭉개졌다고 하더라도 과거 경험 그 자체가 현재에서 반추할 때 자유의 원리만이 작동되는 게 아니다. 과거 경험은 작가의 현재 심정으로 도달하기 때문이다. 해서, 되풀이하지만, 과거 경험이 의미 원천이다. 그렇다고 이게 수필 쓰는 동기가 될 수는 없다. 경험한 것들을 호명하는 이유는 성찰하기 위해서다. 데카르트가 일찍이 말했듯, 성찰은 바로 성찰하는 자를 발견하기 위해서다.

그렇다면 작품에서 문은 어떤 것들이고, 이에 따른 작가의 현재 소회는 구체적으로 무엇인지 간략히 들여다보기로 하자. 작가의 현재적 심정의 확인이야말로 작가의 현재성을 가늠할 수 있는 중요한 근거이기 때문이다.

풀벌레 소리, 명아주, 매미, 하루살이, 무지개, 지렁이, 느티나무, 등잔불, 해콩, 달래 등은 현재에서 과거로 들어가는 일종의 '문'이다. 작가는 이 문을 통해 과거 유년 혹은 자연이나 고향에서 삶을 재현한다. 이들은 현재에 없는, 정확히 말하면 이런 것들과 연계된 삶을 만들 수 없는, 상실된 것들이다. 그러므로 작가의 감정적 소회는 다분히 애상과 그리움으로 나타난다. 이 책에 수록된 작품들이 대체로 '회고의 언어'로 채워진 건 이와 무관하지 않다.

> 무지개가 사라진 뒤 방 안에 혼자 앉아 이런저런 생각에 다시 보니 해는 저녁노을 품으로 서서히 잠겨가고 있다. 무지개 세상을 꿈꿨던 소년은 무지개 바큇살 타고 혈기 방장한 청년의 협곡을 지나 중후한 멋이 나는 중년의 물살을 넘어 인생의 맛이 나는 노년으로 접어들었다. 때로는 광야에서 혹은 협곡과 언덕을 넘어 이제는 평지에 서 있다. 이 긴 여정은 필시 무지개가 다리를 놔준 덕이라고 생각된다. 큰 슬픔 없이 걸어온 세월의 강에는 무지개가 걸려 있었던 것은 아닐까? 문득 '너

희 젊은이들은 환상을 보고 너희의 늙은이들은 꿈을 꾸리라'
는 성경 구절이 떠오른다. 꿈꾸며 사는 게 인생인 듯싶다. 비
록 헛꿈일지라도 꿈은 아름다운 것 같다. 무지개와 같은 아름
다움을 펼칠 수 있는 존재가 되기를 소망해 본다. 〈무지개〉에
서

 비록 사라졌을지라도 작가는 무지개를 상기하며 자신의 삶을 반
추한다. 이 점에서 그의 수필은 두 무늬를 보인다. 상기력과 상상력
이 바로 그것이다. 이 둘은 과거에서 미래로 시간의 팔을 벌려 수필
세계를 조직한다. 그만큼 작가는 소소한 주변의 것들을 보듬어 자
신으로 가져오는 품 넓은 크기를 보인다. 다시 앞글로 가서, 삶을
반추하는 건 두 가지다. 하나는 금세 없어졌다는 허망함 그리고 아
름다움이 그것이다. 작가는 무지개처럼 금세 사라진 세월을 한달음
으로 언급하고 그 무난하게 지낸 세월을 무지개가 다리를 놔준 덕
으로 여긴다. 한편으로는 비록 생이 무지개같이 헛꿈일지라도 아
름다운 존재가 되기를 소망한다. 신앙인으로서 작가는, 19세기 미
국 시인 에머슨처럼, 아름다움이야말로 신의 필적이라고 믿기 때문
이다. 따라서 낱낱이 풀어서 쓰지 않았을지라도 무지개라는 자연현
상을 두고 신에게로 향하려는 경건한 자신의 삶을 기원해 본다. 방
금 본 무지개를 통해 자신의 삶을 투사하는 작가의 태도에서 과거
가 현재로 다시 미래로 나아가는 시간의 연속성으로 삶이 존속된다
는 작가의 인식을 알 수 있다. 이는 말할 나위 없이 현재 중심의 사

고를 강조하기 위해서다. 바로 견고한 현실을 만들기 위한 인식틀인 셈이다.

3.2. 회상된 것들의 의미

　회상은 말할 필요도 없이 과거 경험에서 길러온다. 대개 유년 시절 그리고 고향살이를 채웠던 시간, 장소, 만남, 자연, 사물, 음식들로 이루어진다. 자연, 유년, 고향은 누구나 그리워하는 일종의 신화적 시간이자 장소이다. 또한 이들은 강퍅한 현대생활의 경직된 마음을 풀어준다. 말하자면 자연이나 유년 그리고 고향은 마음의 액체화를 경험케 한다. 이 점에서 회상된 것들은 서정을 낳는다. 서정은 작가는 물론, 독자들에게까지 전달된다.
　세상살이는 기쁨은 내려가고 슬픔은 올라온다. 그러나 자연은 그렇지 않다. 그 반대다. 자연을 대면하고 있노라면 슬픔은 내려가고 기쁨은 올라온다. 이것이 자연의 힘이다. 굳이 에머슨이나 루소 그리고 소로 같은 자연주의자가 아니라도 우리에게 자연은 가까이 있되 초월의 환희를 준다. 이희석 작가도 동일하게 경험한다. 수필은 경험에 대한 응답 행위고, 그 응답 방식은 정신활동인 사유다. 이희석 작가도 경험적 진술을 통해 어떤 점을 사유화한다. 그건 작가나 독자에게 잃어버린 서정을 회복시키는 데 있다. 그러기는 하나, 글쓰기의 진정한 과녁은 작가 자신에게 있다. 그건 경험을 반추해 자신을 완성으로 가기 위해서다. 플라톤은 〈파이드로스〉에서 말한다.

> 나는 나 자신을 위해서 쓴다. 타인을 위한 것이 아니라 더 이상 기억할 수 없는 노년이 되었을 때 젊었을 때를 생각한 것을 새롭게 기억하기 위해서 그리고 자신이 걸어온 길의 흔적을 남기기 위해서 그것도 심각하게 일하듯이 하는 것이 아니라 놀이 삼아 하는 것이다.

기억된 것들을 호명해 글로 기록하는 일은 첫째, 자신이 늙었을 때 과거를 새롭게 기억하고 둘째, 경험의 흔적을 남기기 위해서라고 언설하고 있다. 여기서 '과거를 새롭게 기억'한다는 의미는 무엇인가. 성찰을 다짐으로, 나아가 이 다짐으로 재탄생을 도모하기 위해서다. 이희석 작가가 숱하게 동원한 과거 경험적인 것들 역시 그 자체로 기록될 만한 것이라서가 아니라, 존재의 끊임없는 창조적 과정을 위해서다. 이 점에서 그의 글쓰기는 플라톤의 그것과 조우한다. 말하자면 기록된 기억 혹은 언어로 육화된 기억을 통해 새로운 삶을 꾀하는 것이다. 과거에 감금된 혹은 억압되거나 봉합된 것들을 지금 여기에다 풀어놓고 그때와 지금의 거리재기를 시도하기도 하고 더러는 그때의 오류를 거울삼아 진땀을 흘리며 부끄러웠노라고 고백하고 참회한다. 이런 의미에서 수필이란 경험에서 지각된 것에 관한 육화(肉化)에의 욕망이라고 말할 수 있다.

이희석 작가도 여기서 벗어나지 않는다. 〈가지꽃을 기다리며〉의 일부를 보자. 시골에 작은 집을 마련하고 거기서 보내는 시간 동안 작가는 적지 않은 풀과 작물 그리고 새와 바람소리를 만난다. 그러나 그의 시선은 단순하지 않다. 가지의 어린 모종이 점차 시간의 밥을 먹으면서 혹은 환경의 공격을 받으면서도 꿋꿋한 생의 의기와 종당에는 꽃을 틔우는 모습을 보면서 작가는 경외심을 갖는다. 그리하여 그것에서 녹록치 않은 세상살이를 이겨낼 힘을 얻는다. 사물이 작가 내면으로 들어와 사물의 자아화가 꾀해지는 이 대목은 작가의 눈빛이 예사롭지 않음을 반증한다.

> 돌이켜 보면 나를 위로하는 것은 거창한 것들이 아니라 소소한 것일 때가 더 많았던 것 같다. 스스로 의식하지 못했을 뿐 그동안 나의 일상에는 작물이 늘 곁에 있었다. 특히 여린 가지 모종이 메마른 환경을 이겨 내고 꽃을 피우기까지 지켜보면서 만만찮은 세상살이를 견뎌낼 힘을 얻은 것 같다. 올여름에도 고향 집 텃밭에 심어놓은 가지들이 꽃을 아름답게 피우며 내게 생의 의지와 신비를 가르쳐주기를 기다린다.

이와같이 사물은 그것을 사유하지 않고는 존재 자체가 작가 앞에 나설 수 없다. 해서, 수필은 경험에 따른 글쓰기로 이루어진다. 호출하지 않은 경험은 몸속에 웅크린 침묵일 뿐이다. 그것은 시간에 가두리된 화석화된 기억이다. 작가가 경험을 부르는 행위는 화석화된 기억을 활성화해서 현재를 풍요롭게 하기 위해서다 이희석 작가의 수필은 바로 이 지점에 투족하고 있다. 그의 작품에 등장하는 삶의 계기들 이를테면 집, 가족, 음식, 놀이, 사람과 자연이 작가의 눈으로 들어와서 어떤 존재론적 의미를 취득한다. 이런 맥락에서 작가가 다루는 소재는 우연성이나 자의성과는 거리가 멀다. 다룰 필요에 의해 즉 사유를 낳을 수 있다고 판단된 것만이 수필의 영토에 거주시키기 때문이다. 그리고 작가는 그것들에서 현재를 찾는다.

3.3. 자기정화를 위한 자연살이

한편 이희석 작가에게 그리움의 대상인 유년, 고향, 자연은 타자가 아니다. 그는 능동적으로 이런 것들과 적극적인 만남을 시도한다. 물론 이는 단순한 퇴행도, 현대생활의 사치도 아니다. 지금은 도저히 찾을 수 없는 정서와 풍경, 이것을 한 조각이라도 다시 함께하고픈 욕망으로 작가는 자연 속으로 들어간다. 〈힐링 캠핑〉이나 〈한여름날의 야영〉에서 보여준 작가의 경험담에는 이런 작가의 생각이 빼곡하게 들어 있다. 다음은 〈힐링 캠핑〉의 첫머리다.

> 몸과 마음이 지치거나 휴식이 필요할 때면 아내와 숲으로 캠핑을 떠난다. 초록빛 숲속에서 싱그러운 공기를 한가득 마시고 나면 심신이 개운해진다. 온 세상이 푸른빛으로 물든 6월,

지친 몸과 마음을 달래려고 아름다운 자연 속에 묻힌 캠핑장
으로 향했다.

비록 한시적일지라도 작가가 자연으로 들어가는 이유를 분명하게 제시하고 있다. 말하자면, '심신의 개운함'을 위해 작가는 자연의 일부가 되고자 캠핑한다. 개운하지 않는 현대의 야만성을 되려 야생의 자연에서 지우기 위해서다. 숲의 숨소리, 새소리, 빗소리, 바람 소리와 함께하는 시간은 마음이 편하다. 작가에게 매우 소중한 경험이라고 생각되는 이유는 그 경험 시간이 탈일상의 공간으로 찾아간 능동적 만남이라는 데 있다. 그리고 그 시간에 작가는 일상에서 느끼지 못한 것들을 발견하고 재주체화를 꾀한다. 이성중심으로 흘러가는 근대 이후, 작가는 배제된 육체를 호명한다. 느낌이란 육체를 통해서 지성으로 나아가는 출발이다. 느낌이야말로 감각의 눈뜸으로 가능하기에 지각 행위의 시작이라는 아래 인용글처럼 작가는 숲속의 야생적 경험에서 건져 올려 원시적 자유의 즐거움을 향유한다.

이는 앞서 지적했던 것처럼, 이희석 작가의 수필 세계가 단순히 '회고의 언어'로만 직조되지 않았다는 증거다. 잃어버린 시간을 '놓친 열차'로만 여기지 않고 그걸 다시 회복할 수 있는 계기를 야영 생활로 보충해서 다시 충만한 삶으로 재주체화를 한 것이다.

어느새 먼동이 훤히 터 왔다. 마치 감옥에 갇혀 있다가 홀연 석방된 듯 문명의 굴레에서 뛰쳐나오는 기분이 들었다. 밤이 낮으로 옮아가는 걸 바라볼 때 더욱 그런 기분이 든다는 걸 예전에는 왜 별로 느껴보지 못했던가. 곰곰이 생각해 보니 빛은 시각을 통해서만 오는 게 아니라 감각을 통해 오며, 정신은 두뇌에만 있는 게 아니고 눈, 귀, 코, 혀, 피부 같은 오관과 매우 밀접히 관계되어 있다는 걸 알 수 있을 것 같다. 그렇다. 느낌이 없이 사물을 볼 때 우리는 반은 장님인 셈이다. 지각을 가져오는 내부의 빛이 없는 거니까. 무얼 지각하려면 모든 기관의 상호작용이 필요하며 우리의 온 존재를 눈으로 삼을 필요가 있다. 감각의 눈뜸을 통해 인생은 껍데기에서 벗어나 정신의 영역을 확장할 수 있다.
모처럼 천막 속에서 야생의 하룻밤을 보냈다. 불을 피우고 간소하게 음식을 먹으며 안락한 풀밭에서 새소리, 물소리와 함께 별을 보는 것과 같은 소소한 순간들은 일상에서는 느낄 수 없는 즐거움이었다. 숲속 산책을 하면서 위대한 자연과 깊은 연결 의식과 생각의 지평을 열어 보았다.

자연으로 들어가는 작가의 자발성은 인용글에서 충분히 그 이유를 확인할 수 있다. 불모의 현대사회라는 점 그리고 비판과 결핍이라는 작가의 발견으로 가능했다. 이에 따라 원시적 생명력을 되찾기 위해 자연의 대열에서 자신을 위치시킨 채 작가는 자발적 의지로 잃어버린 순수로 들어간다. 이로 보면, 이 수필집은 회상 기억이 보여주는 애상조 문장만으로 채워지지 않음을 알 수 있다. 오히려 청년의 정신처럼 부재와 상실의 환경에서 그것을 되찾으려는 젊은 의식도 이 수필집의 두께를 이룬다.

4. 발견과 해석의 찰진 문장을 위해

　수필은 기록이다. 세계사적으로 중요한 『성경』, 『불경』, 『논어』가 다 그렇다. 그렇다고 이들이 수필이라는 의미는 아니다. 여기서 기록은 경험된 것들의 진술이다. 수필은 여기에 닻을 내린 글임은 주지의 일이다. 하지만 경험이나 다루는 지식과 정보의 무게가 결코 수필의 무게가 될 수 없다. 그렇다면 무엇인가? 경험이되, 작가의 사유가 착색되어 이것이 수필 전면에 나와야 한다. 이런 맥락에서 이희석 작가의 수필집은 사물이든, 책이든, 사람 혹은 자연을 날것으로 다루지 않는다. 작가의 사유로 버무려져 요리된 텍스트로 재탄생되기 때문이다. 아비 없는 자식이 없듯이, 그의 수필 역시 과거 경험으로 현재화한다. 이는 당연히 존재의 발전적 지속성이라는 인식 행위로 가능하다.
　그러나 대상을 천착하고 얻은 사유라야 웅숭깊은 글이 될 수 있다. 사유의 편폭이 만만찮을 때 독자는 수필에서 긴장감을 갖는다. 여기서 긴장은 쾌快스트레스를 말한다. 이게 활성화되면 가독성은 높아지고 독서도 진지해진다. 책은 작가의 영혼 보관서다. 따라서 책을 대하는 독자는 작가의 영혼 무게만큼 책의 무게를 느끼며 책과 행복한 동거를 할 수 있다. 기왕 존재의 발전적 지속성을 인식 기반으로 삼았으니 향후 이희석 작가는 그 형질을 지속적으로 보이리라 믿어 의심치 않는다. 마지막으로 니체의 말로 글을 닫는다. '사실은 존재하지 않는다. 존재하는 것은 해석(사유)뿐이다.'

이희석 수필집

지나간 것은 지나간 대로

인 쇄 2023년 12월 22일
발 행 2023년 12월 27일

펴낸곳 수필과비평사
주 소 서울시 종로구 삼일대로 32길 36, 301호(운현신화타워 빌딩)
전 화 (02)3675-5633, (063)275-4000 · 0484 · 6374 **팩스** (063)274-3131
이메일 essay321@hanmail.net, sina321@hanmail.net
출판등록 제300-2013-133호
인쇄 · 제본 신아출판사

이 책의 저작권은 저자에게 있습니다. 서면에 의한 저자의 허락없이 내용의 일부를
인용하거나 발췌하는 것을 금합니다.

잘못된 책은 바꿔 드립니다.

ISBN 979-11-5933-502-0 (03810)

값 15,000원

Printed in KOREA

※ 이 책은 2023년 전라북도 문화재단의 지역문화예술지원사업의 지원금으로 발간됨.